龙舟图像志

胡彬彬　吴灿　著

湖南美术出版社
全国百佳图书出版单位

序一

看过《芈月传》的人不少，知道屈子的人更多。而由屈子到端午节，更成为了中国传统文化的一个非常重要的组成部分。楚国屈原和端午节化作了中华民族的忠诚、浪漫、冰清玉洁和伟大的民族凝聚力的一部分。楚国和屈子可以看作区域和精英文化的代表，而端午则是深入人心的中华民族的草根文化。端午到底从何而来呢?

中南大学中国村落文化研究中心胡彬彬教授集祖孙三代之力，收集了大量自有端午以来的绘画、民间传说等一手资料，其中许多都是国内第一次见到。从这些资料中我们可以看到，我们的先人是怎样通过划龙舟等方式纪念端午节，以及划龙舟是怎样演变成为今天的方式的。胡彬彬教授是一位伟大的农民式学者，他用了30多年，走遍了全国4000多个村落，写下了几百万字的调研笔记，被人们亲切地称为“村长”，因为他懂得传统、懂得文化、懂得农民、懂得人心。他在这些田野乡村考察中，曾多次面临生命危险，但是，命运又让他多次躲过劫难，化险为夷。正是在生与死的边缘线的奔走和奋斗中，他收获和积累了大量的村落文化原始资料，包括我以前闻所未闻的“黄金书”（镶金梵文

佛典）、造像记、族谱、碑刻、账簿、民间契约、医药书、水陆画，等等。《龙舟图像志》是他在大量原始资料基础上进行分析和研究而成的关于端午节龙舟的学术著作，这是一本实证性研究著作。我不懂文化，但我很热爱中华民族的传统，也喜欢端午节。所以，我对胡彬彬教授表示我最大的尊敬，并为序。

序二

端午节是我国最重要的传统节日之一。著名学者尚秉和在《历代社会风俗事物考》（卷三十九）中指出:“至清，则以端午、中秋与岁首并称三节。”端午的节俗活动很多，包括斗百草、饮雄黄酒、悬艾草、挂菖蒲、吃粽子、采药治病、系五色丝、龙舟竞渡等多种。相对于其他端午习俗而言，龙舟竞渡的习俗自从被端午吸纳为节俗后，分布区域越来越广，社会影响也越来越大，成为了端午节标志性的活动。

“端午竞渡”最早见于西晋周处的《风土记》，其曰:“仲夏端午，烹鹜角黍，进筒粽……，采艾悬于户上，蹋百草，竞渡。”但还未明言是用龙舟竞渡。虽然如此，有关龙舟的记载在此之前就出现了，西晋出土、可能成书于战国时期的《穆天子传》就有“天子乘鸟舟龙舟，浮于大沼”之语，晋代郭璞注:“沼，池。龙下有舟字。舟皆以龙、鸟为形制。”汉代《大戴礼记·五帝德》也有“颛顼乘龙游四海”之语。汉代《淮南子·本经训》记载:“龙舟鹢首，浮吹以娱。”这些记载说明，龙舟最迟在汉代就已经出现了。唐代虞世南《北堂书钞》卷一三七引东晋葛洪《抱朴子》外篇佚文:“屈原没汨罗之日，人并命舟楫以迎之，

至今以为竞渡，或以水车为之，谓之飞凫，亦曰水马，州将士庶悉观临之。”至此，竞渡与屈原联系了起来。南朝梁代吴均在此基础上复益之，其在《续齐谐记》记载:“楚大夫屈原遭谗不用，是日投汨罗而死，楚人哀之，乃以舟楫拯救。端阳竞渡，乃遗俗也。”同时期的宗懔在《荆楚岁时记》记载:“五月五日，谓之浴兰节……，是日，竞渡，采杂药。”《隋书·地理志》载:“屈原以五月望日赴汨罗，土人追到洞庭不见，湖大船小，莫得济者，乃歌曰:‘何由得渡湖！’因尔鼓棹争归，竞会亭上，习以相传，为竞渡之戏。”屈原与端午龙舟竞渡的关系自此广为流传。

当然，关于端午龙舟竞渡的来源还有其他的说法，比如，吴越民族祭龙图腾说、伍子胥忌辰说、纪念孝女曹娥说，等等。吴越民族祭龙图腾说由闻一多提出，他认为，古代江南的吴越民族因为经常受到水旱、瘟疫和害虫等的威胁，于是将有神力的“龙”作为本族的图腾，端午这天，他们除了往水里投食物献给图腾外，还敲锣打鼓划龙舟取悦龙神。伍子胥是春秋时期吴国的大夫，他帮助吴王阖闾登位并攻破强邻楚国，但是后来却被吴王阖闾之子夫差赐死，投尸江中，于是化为涛神。据三国邯郸淳写的《曹娥碑》记载:“孝女曹娥者，上虞曹盱之女也。”她因思念被涛水所淹的父亲而投水自尽。当地人为了纪念伍子胥和曹娥，也有龙舟竞渡的习俗。在这些说法中，其中最有影响的无疑是纪念屈原说。无论哪种说法，都有其地域特点。如唐代元稹《竞舟》诗中，写到“楚俗不爱力，费力为竞舟”“朝饮村社酒……，祭船如祭祖”；《旧唐书·杜亚传》说，“春日竞渡”乃江南风俗，湖南省麻阳县的龙舟竞渡是为了祭祀盘瓠，等等。虽然各有不同，但竞舟又是其相通之处，这也体现了我国民俗文化多样性与统一性的结合。

我国的端午龙舟文化具有两千多年的悠久历史，它是传统文化的重要组成部分，也是传承与弘扬中华民族优秀文化的重要载体。近30年来，随着西方外来文化的冲击，西方的价值观念和生活方式深深影响着国人，圣诞节、母亲节、感恩节等西方舶来节日大肆盛行，包括端午节在内的传统节日反而日渐式微，在此情况下，弘扬端午龙舟文化无疑具有重要的现实意义。

第一，端午龙舟文化是我国优秀传统文化的载体。以与端午关系最为密切的屈原为例，他为春秋时期的楚国贵族，倡导举贤授能、富国强兵，主张联齐抗秦、驱逐外辱，但却遭到排挤，被流放沅湘。后来他惊闻国都沦丧，心如刀绞，于是在五月初五这天怀抱坚石，投沉汨罗江。人民群众为感念这位忧国忧民的爱国诗人，每年都在五月初五划着龙舟，祭奠屈原亡灵。后人亦敬仰屈原与日月争光的高贵品质和强烈的爱国主义精神，逐渐形成了以划龙舟纪念屈原的习俗，并传播到了其他地区，端午龙舟文化的主题由此确立。又如与龙舟竞渡有关的孝女曹娥，

据《曹娥碑》记载，她因父亲曹盱被水所淹，找不到尸体，年仅14岁的她“哀吟泽畔”，过了17日，“遂自投江死，经五日抱父尸出”。其他如割股啖君而不贪功、不求荣的介之推，忠贞贤能却遭猜忌、被沉江的伍子胥，都与端午龙舟竞渡的习俗有关，他们的事迹、人格已经构成了我国优秀传统文化的一部分。

第二，端午龙舟文化是一种重要的非物质文化遗产。联合国教科文组织出台的《保护非物质文化遗产公约》把传统节日庆典纳入了保护范围，确定了其非物质文化遗产的身份。端午龙舟文化作为非物质文化遗产的重要组成部分，是我国历史发展的见证，也是中华文化传承的重要载体。它蕴含了中华民族特有的精神价值和文化意识，直到今天还以鲜活的方式展现在世人面前，体现了自古及今中华民族的想象力和创造力。中国一度对传统节日文化遗产的重视不够，直到2005年韩国“江陵端午祭”申遗成功，把本来源于中国的端午习俗窃为己有后，国人才开始反思。2009年9月，中国端午节正式列入世界非物质文化遗产，这也是中国首个入选世界非遗的节日，总算是亡羊补牢为时未晚。

第三，端午龙舟文化有利于增强民族的凝聚力，提升海外华人华侨的向心力。正如《联合国教科文组织发展纲领》中所述:“记忆对创造力来说是极其重要的，对个人和各民族都极为重要。各民族在他们的遗产中发现了自然和文化的遗产，有形和无形的遗产，这是找到他们自身和灵感源泉的钥匙……”一代代中华子孙通过对端午龙舟文化的记忆、演示，形成了一种强烈的自我认同感，这种认同感在全球化的今天显得尤其重要。我国的端午龙舟文化源远流长，影响区域在很早就已经超出了国界，移居海外的中国人也深受此文化的熏陶浸染，每当端午，无论身在何方，他们想到的是屈原、介之推等人，是家乡的龙舟竞渡。这对增强民族凝聚力、提升海外华人华侨对中国传统文化的向心力有着重要的意义。

第四，端午龙舟文化有利于社会主义核心价值观的建构。端午龙舟文化蕴含着丰富多彩的文化内涵，反映了中华民族祈福求安的价值取向、尊亲敬祖的报本观念和九死不悔的爱国情怀。其中，最为突出的是爱国。爱国主义是中华民族最伟大、最悠久的精神传统。大多数地区的人们在端午赛龙舟中都会祭祀具有高尚人格或对地方有特殊贡献的先贤，如楚地的屈原、吴越地区的伍子胥和曹娥、广西苍梧的陈临。其中，屈原对后世影响最大，很多地区在端午都会追悼屈原。如清代同治《巴县志》所说:“至设角黍，闹龙舟，吊屈原，楚俗也。”直到今天，人们还在端午日举行龙舟赛，将其与纪念伟大的爱国诗人屈原联系起来。在此活动中，人们在潜移默化中受到了屈原的爱国主义精神的感染。

可是，此源于中国的传统文化，由于各种原因，在国际上的影响

力却并未因中国而发扬光大，反而被一些国家“窃攘”而去，堂而皇之地将其作为本国的非物质文化遗产，这不能不说是一种遗憾。可以说，我国的文化安全受到了严峻的挑战。近几年，端午龙舟文化逐渐被重视起来，各地区都努力挖掘本土的端午龙舟文化，学校、社会和媒体也参与了端午龙舟文化的宣传教育。在学术界，也有不少学者孜孜不倦深入探求，为端午龙舟文化奔走呼告。但是，这些都还做得不够，特别是有些民间端午龙舟文化的原始资料没有得到充分挖掘，其相关的学术研究也未能深入。中南大学中国传统村落文化研究中心致力于传统文化的研究，收藏的与龙舟相关的图像是研究端午龙舟竞渡的重要资料，本次出版也是这批资料首次在国内外公开发表，为我国龙舟文化提供了极为珍稀的实物图像资料，弥足珍贵。是为序。

目录

一、“端午节”名称的由来及演变 …………12

二、端午节与赛龙舟 …………24

三、端午节与纪念屈原 …………42

四、龙舟与绘画 …………52

五、龙舟图像列举 …………66

附录：端午资料汇编 …………167

一、“端午节”名称的由来及演变

端午节，是中国人的传统节日，时间为每年农历五月初五。随着汉文化的向外传播，周边国家中也有过端午的习俗，包括日本、韩国、朝鲜、越南等。

“端”，在汉语有开头、初始的意思。晋代周处的《风土记》里说：“仲夏端午。端者，初也。”每个月都有三个五日，分别为初五、十五和二十五。初五就是“端五”，但是，初五（端五）作为一个节日，则是特指五月初五日。越到后来，在人们的观念中就越是约定俗成。元代的陈元靓在《岁时广记》中说：“京师市尘人，以五月初一为端一，初二为端二，数以至五谓之端五。”

在十二地支的排序中，“午”正好排第五，所以“五”与“午”有时也通用，将“端五”称为“端午”。东汉许慎的《说文解字》对这两个字分别解释如下：“五，五行也，从二，阴阳在天地间交午也。”“午，牾也，五月阴气牾逆阳，冒地而出也。”可见，二字在意义上有类似之处。至唐代时时人普遍将“端五”和“端午”混用，李匡义在《资暇集》中批评说：“今人多书午字，其义无取。”似乎认为“午”是“五”的谐音，与意义无关。其实，未必是真的“其义无取”。另外，如果以十二地支对应十二月份，则五月正好是午月，因此，写成“端午”是有其意义的。

不过，在唐代的文献中，“端五”与“端午”虽然可以互通，但

是，“端午”一词似乎并不特指五月初五，而是可以对应每个月的初五日。宋代洪迈的《容斋随笔》说：“唐玄宗以八月五日生，以其日为千秋节。张说《上大衍历序》云：‘谨以开元十六年八月端午赤光照室之夜献之。’《唐类表》有宋璟《请以八月五日为千秋节表》云：‘月唯仲秋，日在端午。’然则凡月之五日皆可称端午也。”

也有一些说法认为“端午”的“端”是“单”的谐音。清代富察敦崇在《燕京岁时记》中就称：“初五为五月单五，盖端字之转音也。”不过，这个晚出的说法没有多少人支持。

“端午节”这一名称虽然出现得很晚，但是这个节日的雏形可以一直追溯到先秦时期。目前我国最古老的一部历法《夏小正》中记载：“五月……蓄兰，为沐浴也。”就是说，五月，人们用泽兰（非今天的兰草）煮水洗澡，其目的在于驱除邪秽，保持身体健康。不只是北方地区如此，南方地区也十分盛行。屈原《九歌·云中君》写道：“浴兰汤兮沐芳，华采衣兮若英。”这里描述的很可能就是当时南方流行的这种习俗。我们大体可以认为，先秦时期，在五月以泽兰煮水沐浴，是一个全国性的习俗。

为什么选在五月进行这一活动呢？因为五月是一个很特殊的季节，它是夏季中的第二个月，又称“仲夏月”。《礼记·月令》说：“是月也，日长至。阴阳争，死生分。”在这个月里，阳气达到最盛，但阴气也开始在萌动，所以五月又被视为“恶月”。古人认为，在五月应该节欲定心，官府也不应该处理刑狱。今天民谚中的‘五月到官，至免不迁”“五月盖屋，令人头秃”等说法，仍旧是这一古老观念的遗存。这种观念在先秦时期是普遍流行的，甚至到魏晋时期都是如此。《荆楚岁时记》载：“五月，俗称恶月，多禁。忌曝床席，及忌盖屋。”

通过研究我们发现，从汉代开始，先秦时期对于五月所积累的禁忌，渐渐集中到了五月五日这一天。为什么会是这样呢？可能与当时阴阳五行学说的盛行有很大关系。阴阳五行学说原本只在民间流行，汉武帝开始，“罢黜百家，独尊儒术”，而“始推阴阳，为儒者尊”。一切事物都归入阴阳五行之中，连数字都不例外，奇数代表阳，偶数代表阴。在一到十之间，五是奇数的正中，六处于偶数的正中；加上天代表阳，地代表阴，所以《汉书·律历志》说：“天中之数五，地中之数六。”五月五日是阳月阳日的重合时刻，也属于天地相交、阴阳相争的时间，具有特殊的意义。因此，人们就在这一天中将这一个月的所有禁忌都集中进行，包括在门上画五色、贴五色纸、缠五色缯、挂五色缕等。《后汉书·礼仪志》还记载：“朱索连荤菜，桃印长六寸，方三寸，五色书文如法，以施门户。”“五月五日朱索，五色印为门户饰，以难止恶气。”应劭《风俗通义》记载：“五月五日，以五彩丝系臂，名长命缕，一名续命缕，一命辟兵缯，一名五色缕，一名朱索，辟兵及鬼，命

人不病瘟。”等等。当时，人们还认为“枭”是一种恶鸟，皇帝便在五月五日这天命令御厨将枭肉制作成羹，赏赐给百官，认为恶日吃恶鸟，可以辟邪。

当时，民间还认为“不举五月子”，即五月五日所生的婴儿无论是男或是女都不能抚养成人，一旦抚养长大了，则男害父、女害母，所以五月五日生的孩子都要溺死或者扔到野外去。这一习俗至少是从战国时期就开始流行了，到了汉代依旧盛行不衰。在汉人王充的《论衡》、应劭《风俗通》以及《后汉书》中，有很多相关记载。司马迁在《史记》中说，孟尝君田文出生的时候，正好是五月初五。他的父亲想把他扔了，被母亲偷偷留了下来并养大了。其父知道后，大怒道:“五月子长于户齐，将不利其父母。”西汉阳平侯王禁的儿子王凤也在五月五日出生，王禁认为养了这一天出生的孩子，对个人、父母甚至家族都不好，也不想要。但是，后来王凤官至大司马、大将军。也许是因为汉代以及先秦出生在五月五日的不少人，后来都成就了一番事业，“不举五月子”的观念到了魏晋以后也就渐渐淡化了。东晋名将王镇恶也是五月五日生，家人非常担心会给全家带来不利，想过继给人家。但是，他的祖父王猛认为:“此非常儿，昔孟尝君恶月生而相齐，是儿亦将兴吾门矣！”于是给他取名为“镇恶”。

魏晋时期，人们在过五月五日的时候，习俗更多了。据《荆楚岁时记》载，这一天人们会举行各种活动：一大早就采摘艾草，扎成人形悬挂在大门口，用来抵挡毒气；采菖蒲或撕成一缕一缕的，或切碎，用来泡酒喝；采杂药；用五彩丝系挂在手臂上，让人不得瘟疫，称为“辟兵”；互相赠送“条达等组织杂物”（即镯子一类的饰物）；还要举行竞渡、“斗百草”的游戏；教八哥说话。但是，端午节吃粽子的习俗尚未出现（当时人们吃粽子的时间是在夏至）。

值得指出的是，尽管魏晋时期过五月五日已经成为普遍性的习俗，但并未出现“端午节”的名称。目前，从文献来看，“端午”这个词语最早出现于晋代周处的《风土记》：“仲夏端午，烹鹜角黍。”因而有些人认为，最迟在晋代就有“端午节”的说法了。不过，唐代之前的文献中，只有这一处提到了端午节，因此，有些学者认为这可能是后世抄写翻刻时造成的，而且作为一个孤证，并不能说明晋代就有“端午节”之名。唐代以前，普遍都以“五月五日”称呼这个节日，《风俗通》《后汉书》（晋代司马彪著）、《续齐谐志》《抱朴子》《异苑》《北史》《隋书》等都有“五月五日”的说法，有的干脆简称“五日”。北齐的《玉烛宝典》卷五记载说：“此月夏至及五日，俗法备拟甚多。”唐高宗时期颁布的《停诸节进献诏》载：“比至五月五日及寒食等诸节日，并有欢庆事。”（《唐大诏令集》卷八十）这里的寒食节是明确的，但后世所称的“端午节”仍旧称为“五月五日”而没有专门的名称。《唐会

要》所收录的很多条目，也都称为“五月五日”。作为官方的文书，应该是非常权威的。

“端午”这个词语从盛唐开始得到了普遍的使用。例如，唐玄宗的诗歌《端午三殿宴群臣探得神字》：“五月符天数，五音调夏钧。旧来传五日，无事不称神。”写的就是宫廷在五月五日过端午的事情。此外，杜甫、张说、权德舆、徐夤等一大批唐代诗人的作品中，均有以“端午”为题的诗歌。唐代后期，官方的文书中也出现了“端午”的说法。例如，唐宪宗时期颁发的一些诏令中就说：“诸道进献，除降诞、端午、冬至、元正，任以土贡修其庆贺，其余杂进，除二日条所供外，一切勒停。”（《唐会要》卷二十九）此后，“端午”一词便渐渐取代了“五月五日”，成为官方所正式认定的节日。

“端午”或者“端午”只是五月初五这个节日的其中一部分称呼，在不同的历史时期以及不同的地域，它还有不同的说法。据不完全统计，可达20多个，如端阳节、重五节、重午节、当五汛、天中节、夏节、五月节、菖节、蒲节、龙舟节、浴兰节、屈原日、午日节、女儿节、地腊节、诗人节、龙日、午日、灯节、五蛋节，等等。下面简述几个重要的名称。

端阳节。《荆楚岁时记》记载，因仲夏登高，顺阳在上，五月正是仲夏，它的第一个午日正是登高顺阳天气好的日子，故称五月初五为

“端阳节”。现在湖南民间一带，老人仍旧习惯于称“端阳”。

重午节。“午”属十二地支之一，农历五月为午月，五、午同音，五、五相重，故端午节又名“重午节”或“重五节”，有些地方也叫“五月节”。

龙舟节。赛龙舟是端午节的一项重要活动，在中国南方十分流行，尤其是广东地区，广东地区称为扒龙船。它最早是古代百越人祭水神或龙神的一种活动。

当五汛。在上海部分农村，靠杭州湾北岸一带区域，如奉贤、南汇等地区，习惯上称“端午节”为“当五汛”。

天中节。正式的说法见明代田汝成《西湖游览志余》卷二十：“端午为天中节，人家包黍秫以为粽，以束五色彩丝。”这一名称是与上文列举的“天中之数五”有关。日本以五月五日为“男儿节”，可能也是据天中节而来，因为只有男子秉承天地中通之气。

浴兰节。端午时值仲夏，是皮肤病多发季节，古人以兰草汤沐浴去污为俗。上文已有解说。

解粽节。《岁时杂记》载：“京师人以端午日为解粽节。又解粽为献，以叶长者为胜，叶短者输，或赌博，或赌酒。”古人端午吃粽时，有比较各人解下粽叶的长度、长者为胜的游戏，所以又有‘解粽节”之称。

女儿节。明沈榜《宛署杂记》载："五月女儿节，系端午索，戴艾叶、五毒灵符。宛俗自五月初一至初五日，饰小闺女，尽态极研。出嫁女亦各归宁，因呼为女儿节。"

端礼节。"五月初五"在门上挂艾叶，用艾叶洗澡驱蚊，在不少地区视为一个洗礼。人们认为经过洗礼，可以驱走疟疾，从而安全地度过这个夏季。

菖蒲节。端午节的重要习俗是在门上悬挂菖蒲，故也称"菖蒲节"。

自汉代开始，不同的地方在过端午时形成了众多的习俗，除了上文所提及的以外，还有很多。南宋陈元靓的《岁时广记》中，收录的就有祭天神、祠郡守、备节物、买桃艾、送鼓扇、治皂车、啖俎龟、烹鹜鸟、作角粽、藏锡糖、造白团、射粉团、为枣糕、干草头、饮艾叶酒、集色绘、结百索、合欢索、合头巾、佩道理袋、挂赤白囊、悬蚌粉铃、罩色纱、作桃印符、赤灵符、画天师、结艾人、带蒲人、掺艾虎、衣艾虎、佩楝叶、沐井水、画天地、篆斗名、钉赤口、圆朱龙、写风烟、念仪方、贴茶字、黏白字、忌菜蔬、谨饮食、占稼穑、择符术、谢罪愆、请祷算、戒曝算、讳盖屋、求新词、取墙雪等。皇帝也给大臣赐公服、时服、金鱼、寿索、帛扇、团扇、钟乳、彩丝；士大夫则衣纱服、进御衣、置高会、作门帖、纳贡献、荐衣扇、借裙襦、惑从婢、取团玉、沥神水、掘韭泥、鍊草灰、制艾根、膏桃人、烧葵子、粉葛根、采菊茎、浸糯米、弃榴花、剪韭叶、调苋菜、刈菓耳、取木耳、服龙芮、干矚舌、挂商陆、荐汉术、收蜀葵、削地菘、晒白矾、丸青蒿、种独蒜、食小蒜、汁胡荽、灰苦芙、羹蘩蒌、摘芣苢、啖莅蓉、制稀莶、吃药（包括相念药、相爱药、相喜药、能饮药、不忘药、丁根药、急中药、金疮药）、采杂药、春百药、合诸药、焚故药，等等。五花八门，让人眼花缭乱，可见人们对这一节日的重视。不过，流传到今天的，只有吃粽子、挂艾草、饮雄黄酒等几种了，而最主要的则是赛龙舟。

二、端午节与赛龙舟

端午节与赛龙舟都起源于中国，这是毫无疑问的。不过，赛龙舟的活动，起初与端午节并不相关联。

从时间上来看，端午节要晚于赛龙舟活动。从上文的分析也可以看出，先秦时期，人们只是过“五月”，并没有具体的节日；汉代开始，开始过“五月五”，这个节日已经形成；唐代开始，出现“端午节”的名称，而赛龙舟的活动则可以追溯到远古时期。而且，在宋代以前甚至是直到清朝，赛龙舟的活动在某些地方也不局限于端午节这一天举行。

从地理空间上看，过“五月五”的习俗可能起源于北方地区，而赛龙舟活动则毫无疑问起源于南方地区。这是因为，南方水资源丰富，河沟纵横。古代百越人生活的地区更是如此。百越（亦写百粤）是华南越地的百越族原住民，泛指居于古代南方越地的古代部落，又称为越族、古越族、越人、古越人。百越有许多支系，其中干越、扬越、东瓯、闽越（闽越族）、南越（南越族）等是百越中的大族。在数千年的历史发展中，大部分百越人已经融合到汉族中去了，其余部分如西瓯、驹越、骆越等则演变为现代的壮侗语族。壮族、傣族、黎族、侗族等今天南方的许多少数民族都是百越的后裔。另外一部分生活在今天的越南、老挝、泰国、缅甸、印度境内，则演变成京族、岱族、佬族、傣族、掸族、阿豪姆人等民族。

远古时期，百越人依水而居，进行渔猎活动。在水中生活，舟船是基本的工具。《吕氏春秋·贵因篇》载："如秦者，立而至，有车也。如越者，坐而至，有舟也。"《越绝书》记载，越人"水行而山处，以船为车，以楫为马，往若飘风，去则难从"。《述异记》中叙述："吴王夫差作天池，池中有龙舟，日与西施戏水。"

为什么会产生龙舟竞渡这个习俗呢？闻一多在《端午考》中说："龙舟竞渡应该是史前图腾社会的移俗。"中国的典籍有很多记载说，百越人有断发纹身的习俗。且以龙为图腾，自比是龙的子孙。闻一多认为，赛龙舟与中国南方独特的自然地理环境及百越人生产、生活方式密切相关。并且，他进一步指出了赛龙舟与百越人喜欢纹身的习惯有关："龙舟只是文身的范围从身体扩展到身体以外的用具，所以它是与文身的习惯同时存在的。图腾文化消逝以后，文身变相为衣服的纹饰，龙舟也只剩下图蛟和龙子幡一类的痕迹。但遇到宗教仪式时，古旧形态中的许多花样往往会全般出现，于是我们便看到穿着模拟文身的彩衣的水手们划着龙舟——一幅典型图腾社会的浮世绘。"尽管在《端午考》中，闻一多将龙舟与端午混淆到了一起，但是他对赛龙舟的起源及其文化意义的考证，却不能不说是有道理的。

也有一些学者认为，五月划船与公共卫生有关。例如，民俗学家江绍原指出，五月竞渡带有原始巫术的遗风。魏晋之前，人们通常在这一天举行集体活动，把污秽祸害集中起来，用船送到远离人烟的地方去。随着人口的增加，产生了竞争，出现了竞渡这种“用法术处理的公共卫生事业”。整体而言，先民将刻成龙形的独木舟放入水中，在击鼓声中进行竞渡，娱神乐人，既带有宗教性，也具有娱乐性。

一些出土文物以直观的方式，再现了古代越人举行龙舟竞渡的活动，印证了文献记载的准确度。最著名的是一类绘有羽人与船纹的铜鼓，目前已经出土了很多件。

1919年云南出土的“广南羽人船纹铜鼓”，时代大约为战国到西汉时期。铜鼓高47厘米，鼓面直径68厘米，在铜鼓的鼓面饰有太阳纹，反映了古人对太阳的崇拜。鼓面的纹饰早已模糊不清，铜鼓的腰部则仍旧可以清晰地看到众多船纹和人物图案。几组人物头戴高高的羽毛，被称为羽人，巫师、划桨者、掌舵者等，聚集在四艘船上。大家各司其职，仿佛正在举行一场规模盛大的祭祀活动。四艘船以标柱上高悬鼍纹的船为首，按照顺时针方向排列在铜鼓上。第一艘船的平台上放置无头俑，应该是用来祭祀水神。第二艘船上，有一巫师坐在台上，右手向后挥舞，手掌张开，似乎在扮演正在接受祭祀的祖先。第三艘船上是一群巫师，有的击鼓，有的手舞足蹈，标注上日轮旋转。这艘船是迎神的船。在第四艘船上，一个巫师屈膝坐在平台上。

1972年，广西西林县普驮粮站出土的“翔鹭纹铜鼓”，通高52厘

米，鼓面直径77.5厘米，足径90厘米。饰羽人划船纹六组，船形两头高翘，船头一律向右。每船各有羽人九或十一人，多带长羽冠，其中一人跨坐船头，一人在船尾掌舵，一人高坐于靠背台上，二人执“羽仪”舞于台前，船间饰鸬鹚和鱼纹。1976年广西贵县（今贵港市）罗泊湾1号墓出土的“翔鹭纹铜鼓”，高36.8厘米，鼓面直径56.4厘米，足径67.5厘米。其鼓身也有类似的羽人划船纹饰。

还有一种出现在铜钺上的羽人划船图案，也与之类似。1976年，浙江省鄞县云龙镇甲村石秃山出土了一件战国时期的羽人竞渡纹铜钺，高9.8厘米，刃宽12.1厘米。器身一面素面无纹，另一面铸有一边框，框内上方为龙纹，双龙昂首相向，前肢弯曲，尾向内卷。下部以弧形边框线为舟，上有四人坐成一排，四人皆头戴高高的羽毛冠，双手持桨作奋力划船状。

这些出土于百越地区的文物，上面所描绘的赛龙舟的场面，向现代人形象地展现了龙舟竞渡的传统，也说明战国甚至战国以前，龙舟竞渡习俗已比较成熟。

“龙舟”一词，在战国时期的《穆天子传》中就出现了：“癸亥，天子乘鸟舟、龙卒浮于大沼。” 晋代郭璞注：“龙下有舟字。舟皆以龙鸟为形制。今吴之青雀舫，此其遗制者。”不过，这个“龙舟”是帝王游玩的大船，与后世的端午竞渡所用的龙舟不是一回事。“竞渡”一词，比“龙舟”出现得还要晚一点，直到晋代周处《风土记》和其后的《荆楚岁时记》才可见到。《隋书·地理志》也记载了隋代在五月五日举行龙舟竞渡的场面。唐代骆宾王《竞渡诗序》中，开始将“龙舟”与“竞渡”明确联系起来。刘禹锡在《竞渡曲》中，也描述了当时举行龙舟竞渡的精彩画面：“曲终人散空愁暮，招屈亭前水车注。”这完全是以竞速为目的划龙船比赛。

不过，从时序上来看，在很长的一段历史时期，龙舟竞渡活动并不一定发生在五月五日端午节。例如，《新唐书·杜亚传》载：“方春，南民为竞度戏，亚欲轻驶，乃髹船底，使篙人衣油彩衣，没水不濡，观沼华邃，费皆千万。”这里说的是春天举行竞渡活动。宋代耐得翁《都城纪胜》一书，专门记载南宋京城杭州的各种情况。其“舟船”条说：“西湖春中，浙江秋中，皆有龙舟争标，轻捷可观。”它说明赛龙舟并不是在夏季的端午，而是在春秋两季。孟元老的《东京梦华录》所描绘的皇家举行的龙舟赛，也不发生在五月，而在三月，与耐得翁《都城纪胜》中记载的情形相似。即它只是单纯的龙舟竞渡，与端午这个节日无关。直到清朝，一些地方的赛龙舟也没有规定必须在端午节举行。道光年《永州府志》记载说，永明县的习俗是“八月十五日祭顺济王屈子庙，以龙舟竞渡”，则表明中秋这天也可以举行龙舟竞渡活动。也有的地方在九月祭祀屈原，举行龙舟竞渡。康熙年间的《永明县志》卷

四十九收录了一首当地士人的诗，题为《九月迎三闾大夫即事》：“万队瑶歌此土风，龙舟潇上鼓丁东。神来鄂省渚君山外，秋老荷裳蕙带中。渔曲不教悲楚泽，鸾旗何自到秦宫。即看酌酒人多少，一醉还应与众同。”

不过，从宋代开始，在端午节这天赛龙舟逐渐得到了广泛的认可，因而也成为民间一年一度的盛事。陆游《丰岁》诗有“羊腔酒担争迎妇，遣鼓龙船共赛神”的句子。在湖南湖北一带的民间，至今还有一句谚语：“宁荒一年田，不输一年船。”农村许多地区，人们对赛龙夺舟锦标更是十分重视。所谓“标”，是赛龙舟获胜者的战利品，通常为能在水中活动的禽类，但也有一些其他的物件。清代范祖述的《杭俗遗风》说：“如抛物件，各龙舟水手下水争抢，最难者莫如钱、鸭二物。钱入水即沉，鸭则下水游去，各舟争逐，大有可观。”李斗的《扬州画舫录》则写道：“小船载乳鸭，往来画舫间，游人鬻之掷水中。龙舟执戈竞斗，谓之抢标。又有以土瓶实钱果为标者、以猪胞实钱果使浮水面为标者，舟中人飞身泅水抢之。”获胜者取得“标”，称为“夺标”。这一制度始于唐代，唐代诗人的《竞渡歌》描写五月五日这一天的龙舟竞渡，对于夺标的场面描绘十分生动：“鼓声三下红旗开，两龙跃出浮水来。棹影斡波飞万剑，鼓声劈浪鸣千雷。鼓声渐急标将近，两龙望标目如瞬。坡上人呼霹雳惊，竿头彩挂虹蜺晕。前船抢水已得标，后船失势空挥桡。疮眉血首争不定，输岸一朋心似烧。”不过，对于“夺标”活动最为详细而生动的描绘，可能还是清朝小说中的描写更为精彩。邗上蒙人的小说《风月梦》有一回题为《贺端阳陆书看龙舟》写道：“共是九条龙船，后面有一只没篷子小船，上面摆了两个篾笼，内里有十几只活鸭。又有几只大船……那只鸭子船也就划近大船，跳上两个人来，站在他们的船头，望着舱里，招呼过众人，向着月香道：‘月桂公，特地为你送标的。’就将船内两个篾笼提上大船，摆在船头。那九条龙船总敲起抢标锣鼓，在他们大船前划来划去。那些游船听见这里抢标，总纷纷赶来，团团围绕。那站在陆书们船头上两个人，见有只青龙划近大船，就将篾笼内鸭子抓了一只，往河里一撩。那青龙船上早有一个划船的朋友，精赤着身体，只穿了一条裤头儿，发辫绕了一个咸菜把子，蹬在龙头上。见鸭子一撩，他就跳下河去，将鸭子抢起，复跳上龙船，这条龙船就划了过去。后面那条绿龙又划了上来，那船头两人又抓了一只鸭子撩下河去。那绿龙船头上的也就跳下河去，将鸭子抢起，将船划了过去。后面是紫金龙、老乌龙、银红龙、玉色龙、黄龙、白龙、五色龙，鱼贯而来。那撩鸭子的人也有将鸭子撩在河内，也有将鸭子撩在那抢的人手上，才往河内一跳，冒起来的。九条龙船来来往往，每船抢过两只鸭子。”陈森的《品花宝鉴》第二十回《夺锦标龙舟竞渡》则将夺标人抓鸭子的场面描绘得十分细致：“再看那龙舟已到阁前，盘盘旋旋，来来往

往，荡个不了。……(子云)遂命家人去捉几对鸭子来，又叫取几个红漆葫芦，抛下水去，众人方晓得是夺标。家人答应，便将一个白鸭先抛下去。那鸭子下了水，把头一钻，也翻了一个斤头，便伸着头，拍着翅，呷呷呷的叫了几声。那边一人便俯在水面，两脚一蹬，似梭子的穿过来。那鸭子见人来拿他，便扇起双翅，半沉半浮，走得风快。正走时，忽见水里探出个头来，一手把鸭子捉住。子云道：'好！记着，赏他！'又将三只鸭子、两个葫芦同抛下去。"近代学者盛成在《我的母亲》一文中，也写到仪征的端午抢鸭风俗："自五月初一日起，已有二三只龙船下水，船底尖，龙身长，二十人左右摇桨，轻捷如飞。假如游人掼鸭，龙船争来抢鸭；如游客掷猪脬，龙首之人争来抢标。"而清朝蒲松龄的《聊斋志异·晚霞》中，则描绘了主人公阿端的绝活是潜入水中抓上一条活蹦乱跳的大鲤鱼，引得众人的喝彩。

明代杨嗣昌的《武陵竞渡略》记载，龙舟竞渡已不限于端午一天，而是"四月八日揭篷打船，五日一日新船下水，五日、十日、十五日划船赌赛，十八日送标"，还有"五月十七八打船，二十七八送标者"，竞渡规模历时差不多有一个月。《扬州画舫录》称："龙船自五月朔至十八日为一市。先于四月晦日试演，谓之下水。至十八日牵船上岸，谓之送圣。"龙舟竞渡要延续很多天，可见其场面之热闹。

由于龙舟赛已经变成了端午节重要的娱乐项目，所以后来逐渐将龙舟竞渡与戏剧结合起来，称为“龙舟戏”。宋代孟元老的《东京梦华录》中，对于宋代京城的龙舟竞渡与戏曲相结合的情形，有着极为详细的记载：

“近殿水中，横列四彩舟。上有诸军百戏，如大旗、狮豹、棹刀、蛮牌、神鬼、杂剧之类。又列两船，皆乐部。又有一小船，上结小彩楼。下有三小门，如傀儡棚，正对水中。乐船上参军色进致语，乐作。彩棚中门开，出小木偶人。小船子上有一白衣垂钓，后有小童举棹划船。辽绕数回，作语，乐作，钓出活小鱼一枚。又作乐，小船入棚。继有木偶筑球舞旋之类，亦各念致语，唱和，乐作而已，谓之‘水傀儡’。又有两画船，上立秋千，船尾百戏人上竿。左右军院虞候监教鼓笛相和。又一人上蹴秋千，将平架，筋斗掷身入水，谓之‘水秋千’。水戏呈毕，百戏乐船，并各鸣锣鼓，动乐舞旗，与水傀儡船分两壁退去。有小龙船二十只，上有绯衣军士各五十余人，各设旗鼓铜锣。船头有一军校，舞旗招引，乃虎翼指挥兵级也。又有虎头船十只，上有一锦衣人，执小旗立船头上。余皆着青短衣，长顶头巾，齐舞棹，乃百姓卸在行人也。又有飞鱼船二只，彩画间金，最为精巧。上有杂彩戏衫五十余人，间列杂色小旗绯伞，左右招舞，鸣小锣鼓铙铎之额。又有鳅鱼船二只，止容一人撑划，乃独木为之也，皆进花石。朱缅所进诸小船，竞诣奥屋，牵拽大龙船出诣水殿。其小龙船争先团转翔舞，迎导于前。其

虎头船以绳索引龙舟。大龙船约长三四十丈，阔三四丈，头尾鳞鬣，皆雕镂金饰，榥板皆退光。两边列十合子，充合分歇泊，中设御座龙水屏风。榥板到底深数尺，底上密排铁铸大银样，如卓面大者压重，庶不欹侧也。上有层楼台观，槛曲安设御座，龙头上人舞旗。左右水棚，排列六桨，宛若飞腾。至水殿，舣之一边。水殿前至仙桥，预以红旗插于水中。标识地分远近，所谓小龙船，列于水殿前，东西相向。虎头、飞鱼等船，布在其后，如两阵之势。须臾，水殿前水棚上一军校以红旗招之，龙船各鸣锣鼓出阵。划棹旋转，共为圆阵，谓之'旋罗'。水殿前又以旗招之，其船分而为二，各圆阵，谓之'海眼'。又以旗招之，两队船相交互，谓之'交头'。又以旗招之，则诸船皆列五殿之东面。对水殿排成行列，则有小舟一军校执一竿，上挂以锦彩银盌之类，谓之标竿。插在近殿水中，又见旗招之，则两行舟鸣鼓并进，捷者得标，则山呼拜舞，并虎头船之类，各三次争标而止。其小船复引大龙船入奥屋内矣。"

这是当时皇家参与的龙舟竞渡活动，娱乐色彩非常明显，场面蔚为壮观。后来民间的龙舟竞渡的活动虽然场面没有如此宏大，但仍旧延续了这一普天同乐的精神。龙舟竞渡的龙舟虽然是主角，但是因龙舟而起的其他娱乐活动同样不可忽略。《聊斋志异》的《晚霞》一篇记载："五月五日，吴越间有斗龙舟之戏。刳木为龙，绘鳞甲，饰以金碧；上为雕甍朱槛；帆旌皆以锦绣。舟末为龙尾，高丈余，以布索引木板下垂，有童坐板上，颠倒滚跌，作诸巧剧。”反映的也是当时南方一带在端午节举行的龙舟竞渡活动。这当然不只是小说家言，而是当时龙舟竞渡的现实描绘。明末广东诗人邝露的《赤雅》，记录了大量明末时广西民族风俗，其中一则生动描述了“桂北竞渡”的情景说道：“桂林竞渡，舟长十余丈，左右衣白数人，右麾白旗，左麾长袖，为郎当舞。中扮古今名将，各执利兵，傍置弓弩。遇仇敌，不返兵，胜则枭而悬之，铙歌合舞。十年一大会，五年一小会，遇甲戌为之，有司毫不敢诘。”明代潜夫的《增补武林旧事》记载的是杭州一带的龙舟竞渡场面：“西湖竞渡自二月八日为始，端午尤盛。是日画舫齐开，游人如蚁。龙舟六只，俱装十太尉、七圣、二郎神杂剧，饰以彩旗、锦伞、花篮、闹竿、鼓吹之类，帅守往一清堂弹压。”明代嘉靖《湖广图经志书》也有记载：“五月五日赛龙舟。因邑河水浅，作旱龙，缚竹为之，剪五色绫缎为鳞甲，设层楼飞阁于其背，缀以翡翠文锦，中塑忠臣屈原、孝女曹娥（俗称娥为游江女娘）及瘟司水神像，蟒袍锦带，珠冠剑佩；旁列水手十余，装束整丽。择日出行，金鼓萧板，旗帜济济，导龙出游，曰迎船。好事者取传奇中古事扮俏人物，极其诡丽，用铁干撑之空中，前后轮转，宛若半仙之戏，彼此角胜。自前月二十外至此日，无日不然。次日用牲牢酒醴角黍时果祭之，极其敬畏；又以茶米楮币实仓中，若饯赆然；仍如前仪导送水涯，合炬焚之，曰送船。”

清代范端昂的《粤中见闻》记载了广东一带的龙舟戏："每重有杂剧五十余种，童子凡八十余人。所扮者菩萨、天仙、大将军、文人、女伎之属；所服者冠裳、介胄、羽衣、锦被、巾帼、桃被之属；所执者刀槊、麾盖、旌旗、书策、佩帨之属。凡格斗、挑招、奔奏、坐立、偃仰之状，与夫扬袂、壁裳，喜、惧、悲、患之情，不一而足，有声有色，尽态极妍，皆锦幔中操机人之所为也。"李斗的《扬州画舫录》记载的是扬州的场景："尾长丈许，牵彩绳令小儿水嬉，谓之掉梢。有独占鳌头、红孩儿拜观音、指日高升、杨妃春睡诸戏。两旁桨折十六，前为头折，顺流而折，谓之打招。一招水如溅珠，中置戽斗戽水，金鼓振之，与水声相激。"描绘的都是龙舟竞渡活动中有趣的戏剧场景。

除了这类文人的记载，不少地方志也有很多相关文字。嘉庆年间的《湖口县志》载："五月，竞龙舟于江中……装戏游市上，备极巧丽川。"道光二十年刻本《云梦县志》说："五月端午……四城以五彩绫绢作龙舟赛，设层楼飞阁，与其脊中塑忠臣屈原、孝女曹娥及瘟神、水神各像，旁列水手十余，妆束整齐，金鼓霄板，旗帜导龙而游，曰'迎船'。好事者取传奇中古事扮肖人物，极其诡丽。数日后，以茶米、铸币实舱中，如前仪，导送河干焚之，曰'送船'。"清代乾隆年间的《金溪县志》："端午……近水者亦或竞渡……妆杂戏于上，负之以趋。"这些地方志都表明，在南方很多地区的赛龙舟演杂剧，其目的是“嬉戏”，使古老的娱神向娱人方向发展，以逗趣的戏剧表演吸引着观众的参与热情。直到民国时期，南方地区的龙舟竞渡仍然十分热闹，为当地的盛事。民国九年刻本《庐陵县志》说：“大江为竞渡之戏。”民国三十年的《吉安县志》记载：“大江上有龙舟竞渡，观者如堵墙。……观灯、竞渡，拜月、朝山，一切佳节之庆赏，与夫报赛建醮，结千缘万缘，邑人所以娱心者繁哉。然唯竞渡一举，既表忠又可习武技、强体力。”

正是因为龙舟竞渡有“习武技、强体力”的功能，所以往往在竞渡的时候会引起民间纠纷，甚至是聚众斗殴，导致流血事件的发生，当地官府就只好采取强制手段禁止赛龙舟。《永州府志·风俗志》记载湖南永州地区端午节的龙舟竞渡就是如此：“唯永俗竞渡，必彼此争斗，至死伤不恤，且讳言其死，恐里人笑其不胜，所大惑也。康熙间太守刘公道著禁之，历年既久复竞争。嘉庆间太守锡龄示禁，人遂革心。”

龙船的形制一般是狭长细窄，船头饰龙头，船尾饰龙尾。龙头的颜色有红、黑、灰等色，姿态不一。一般以木雕成，再施加以彩绘。龙尾多用整木雕成，上面刻上鳞甲。龙舟上装饰着龙牌、旗帜以及绣满龙凤、八仙等图案的罗伞等物。当然，在一些经济不发达地区，龙舟的装饰则非常朴素，多饰以各色三角旗、挂彩等。宋代周去非的《岭外代答》载：“广西江行小舟，皆剖木为之，有面阔六七尺者。虽全成无碑，

免糯枷之劳，钉灰之费，然质厚迟钝，忽遇大风浪则不能翔，多至沉溺。要不若板船，虽善不能为矣。钦州竞渡兽舟亦剖全木为之，则其地所产可知矣。海外蕃船亦有全木者，则其为木何止合抱而已哉。”《粤中见闻》载：“番禺大洲有宣和遗制龙船，长十余丈，广仅八尺。龙首尾刻画，奋迅如生。荡桨儿列坐两旁，皆锡盔朱甲。中施锦幔，上建五丈格五。措上有台阁二重，中有五轮阁一重，下有平台一重。”

龙船竞渡之前，有一套请龙、祭神的仪式，各地皆有不同。胡朴安的《中华全国风俗志下编》收录的江西萍乡地区的习俗：“盖午饭后赛船之人咸集龙王庙，焚香燃烛，祭祷龙王后，披红巾于龙王首上，然后将龙首龙尾迎下小舟，龙首置于船头，龙尾置于船末。水手数十人，拨桨前进，船末掌舵一人，船首一人持小红旗二面。当二船比赛时，锣鼓大作，船首执旗者，大喊助威，发声极怪，舞旗不已。”在广东地区，端午前要从水下将龙舟起出，祭过南海神庙中的南海神后，安上龙头、龙尾，再准备竞渡。福建、台湾地区则是前往妈祖庙祭拜。四川、贵州等地区，则有直接在河边杀鸡滴血于龙头上的习俗。湖南、湖北等地，在竞渡前必先祭拜屈原，将龙头供在祠庙中祭拜，披红布于龙头上，再安龙头于船上竞渡。从这个仪式来看，龙舟竞渡虽然是一项全国性的习俗，但又与地方文化密切相关。

屈原神舡
三閭大夫

三、端午节与纪念屈原

今天的端午节，被认为是纪念伟大的爱国诗人屈原的。但是，在此之前，不同的地域，过端午节或者举行龙舟赛是为了纪念不同的人物，如伍子胥、曹娥、勾践、介子推、陈临等。大体上皆以本乡本土的著名人物为主。

纪念伍子胥的说法最早。邯郸淳的《曹娥碑》记载：“五月五日，时迎伍君，逆涛而上，为水所淹。斯又东吴之俗，事在子胥，不关屈平也。”明确指出五月五日举行竞渡，并不是为了纪念屈原，而是为了纪念伍子胥。伍子胥的故事十分精彩，简直是一篇传奇。他是春秋时期楚国人，父亲伍奢和哥哥伍尚都是楚国高官，由于遭到陷害，被楚平王杀了。伍子胥到处逃亡，最后在吴国落脚安顿下来，并以其出色的才能成为吴王阖闾的重臣。公元前506年，伍子胥和孙武带领吴国的军队攻进了楚国的都城。当时楚平王已经死了，伍子胥将他的尸体挖出来，抽了三百鞭子，以报父兄之仇。吴国在伍子胥等人的帮助下，迅速成为春秋五霸之一。在与越国的战争中，阖闾中箭，不久身亡。夫差继位，俘虏了越王勾践。伍子胥曾多次劝谏吴王夫差杀掉勾践，灭了越国，但夫差的目标在中原，没有听他的，而是不断率大军攻打齐国。太宰伯丕向夫差说，伍子胥想谋反，不如趁早把他杀了。夫差听信谗言，派人送一把宝剑给伍子胥，令其自杀。伍子胥自杀前对门客说：“请将我的眼睛挖出置于东门之上，我要看着吴国灭亡。”夫差大怒，在五月初五这一天把

伍子胥的尸首用鸱夷革裹着扔在钱塘江。吴国百姓哀怜他，为其在江上立祠，命名为胥山。在伍子胥死后九年，吴国果然为越国偷袭所灭。夫差羞于在阴间见到伍子胥，用白布蒙住双眼后才举剑自尽。伍子胥因为其忠心为国，却惨遭赐死且沉尸水底，后人将他尊为海神“水仙王”之一。王充《论衡》说：“子胥恚恨，驱水为涛，以溺杀人。今时会稽、丹徒大江、钱塘浙江，皆立子胥之庙。盖欲慰其恨心，止其猛涛也。”

纪念曹娥的说法也在浙江一带十分流行。《后汉书·列女传》记载说，曹娥是东汉时期浙江上虞人。其父亲曹盱是一个能唱能跳的巫师，在五月五日这天祭祀水神的时候，淹死在江中，连尸体都找不到了。当时，曹娥才14岁，于是“沿江号哭，昼夜不绝声”。这样哭了17天，仍旧没有找到父亲的尸体，心生绝望，投江而死。又过了5天，她的尸体抱着父亲的尸体一起浮出了水面。后来，上虞的县令为其刻石立碑作传，以彰孝烈。蔡邕在碑阴上写了八个字：“黄绢幼妇，外孙齑臼。”这是一个很有名的谜面，谜底为“绝妙好辞”。当时，曹操和杨修一起猜这个谜语，杨修一猜即中，曹操走了三十里才猜出来，自叹道：“我才不及卿，乃觉三十里。”后人为了纪念她，改舜江为曹娥江，在每年的五月五日举行竞渡活动。

纪念越王勾践的说法也有。《事物原始》引《越地传》说：“竞渡之事起于越王勾践，今龙舟是也。”吴越交战，勾践败而被俘，在吴国过了三年忍辱含垢的生活，骗得了吴王夫差的信任，被放回越国。回国后，他卧薪尝胆，立志雪耻，于当年五月初五成立水师，开始操练，终于在数年后，一举消灭吴国，逼得吴王夫差自杀身亡。浙江的原住民为了昭彰勾践这种坚韧不拔的精神，便效仿越国水师演练时的情景，于五月五日这天划船竞渡，以示纪念。

在广西等地，将端午节举行龙舟赛当作纪念陈临。陈临是东汉末年广东人。据唐代徐坚的《初学记·岁时部》引谢承的《后汉书》记载，陈临任苍梧太守，“推诚而理，导人以孝悌”。治理苍梧，移风化俗，颇有政绩。后来陈临卸任调走时，苍梧郡人于五月五日送至东门。人们为了怀念这位政绩卓著的地方长官，每年五月五日“令小童洁服之”，以纪念陈临。

北方地区，将端午节与纪念介子推联系起来。介子推是春秋时期晋国人，又名介子绥、介之推。东汉时期蔡邕《琴操》记载说，介子推跟随晋文公重耳在外逃亡19年，风餐露宿。重耳饿得厉害找不到食物的时候，介子推就将自己大腿上的肉割下来煮了给他吃。后来重耳即位，为晋文公，大封功臣，却独独忘了介子推，导致他非常不满，作了一首《龙蛇歌》抒发感慨，遁入深山。文公听到这首歌，十分后悔，想请他出来，他不肯。文公只好烧山逼他，最后却把他烧死了。晋文公于是命令在五月五日这一天，都不准点火，表达对介子推的怀念。

但是，影响最大且今天被广泛认可的，则是纪念屈原。在南方的很多地区，都流传有关于屈原的故事。传说，他在五月五日这天投江自杀，当地民众纷纷划船去江中打捞他的遗体。为了避免鱼吃坏他的遗体，还往江中投入粽子。其实，这一说法起源于魏晋时期。南朝梁代的吴均在《续齐谐记》中记载说："屈原五月五日投汨罗而死，楚人哀之。每至此日，竹筒贮米，投水祭之。汉建武中，长沙欧回，白日忽见一人，自称三闾大夫，谓曰：'君当见祭，甚善。但常所遗，苦蛟龙所窃。今若有惠，可以楝树叶塞其上，以五彩丝缚之。此二物，蛟龙所惮也。'回依其言。世人作粽，并带五色丝及楝叶，皆汨罗之遗风也。"宗懔的《荆楚岁时记》也记载说赛龙舟与屈原有关："按五月五日竞渡，俗为屈原投汨罗日，伤其死所，故并命舟楫以拯之。"《隋书·地理志》也延续了这一说法，认为端午节是为了纪念屈原："屈原五月望日赴汨罗，土人追至洞庭不见，湖上船小，莫得济者，乃歌曰'何由得渡湖？'因而鼓棹争归，竞会亭上，习以相传，为竞渡之戏。其迅楫齐驱，棹歌乱响，喧振水陆，观者如云，诸郡率然。"可见，至少是在隋代之前就已经将端午竞渡与纪念屈原联系在一起了，《隋书》只不过是描述了之前的社会现象。

隋唐时期，南北文化呈现出大汇融的气象，而南方文化也后来者居上，成了主导文化。于是，盛行于南方的以纪念屈原和龙舟竞渡为主要内容的端午习俗，逐渐北传而成为全国性的端午习俗。过端午纪念屈原的说法已经在大部分地区深入人心。《唐会要》卷二十九记载说，龙朔元年（公元661年）端午，唐高宗向侍臣询问五月五日节俗的由来，礼部尚书许敬宗引述了《续齐谐记》的故事，并称："今俗人五月五日作粽并带五彩丝及楝叶，皆汨罗遗风。"刘禹锡的《竞渡曲》也指出："竞渡始于武陵，至今举楫而相和之，其音咸呼云何在，斯招屈之义，事见图经。"

后来的一千多年里，大部分中国人都逐渐认同端午节赛龙舟是为了纪念屈原。南宋时，朱熹在《楚辞集注》中指出：'窃尝论之，原之为人，其志行虽或过于中庸而不可以为法，然皆出于忠君爱国之诚心。"他第一次明确提出了屈原身上具备"忠君爱国"的精神。在当时汉人遭受北方游牧民族入侵的时代，屈原的精神在当时士大夫之间产生了广泛的共鸣，一直延续到了元代和清代，并在近代遭受列强入侵时更加深入人心。

相对而言，伍子胥从楚国逃到吴国，等于是背弃了自己的国家。而且最后不得善终，成为恶神。人们祭祀恶神，只是为了安顿他使其不再兴风作浪。纪念勾践的说法，只有极少数的文献中提到过。其他的几位人物，知名度完全不能跟屈原相提并论。所以，明清时期，过端午、赛龙舟、纪念屈原的这一观念，就在人们心中完全根深蒂固了。屈原的事迹，在《史记》中记载得十分清楚，人们对他的故事也耳熟能详，这里

不再详述。

纪念屈原的说法虽然出现较晚，但是因为他爱国忠君的精神十分突出，而且在文学史上具有杰出的贡献，产生了全国性的影响，所以渐渐就盖过了其他人物。尤其是在明清时期，龙舟、端午、屈原、粽子等已经形成了一个整体，成为绝大部分中国人共同认可的习俗。所以，尽管人们也将其他有名的人物与端午节结合起来，但最终还是纪念屈原说占据了优势，这不能不说与屈原的人格精神有关。

整体来看，由南方的龙舟竞渡活动开始，融合北方地区的视农历五月五日为“恶月恶日”的观念，加上各地在夏季时令“祛病防疫”的习俗，再附会以纪念跳江自尽、忠贞爱国的大诗人屈原，最后才形成广泛认同的端午节传统。2009年，端午节成为中国第一个入选联合国教科文组织《人类非物质文化遗产代表作名录》的传统节日，其入选理由无疑是非常中肯的：“端午节是中国的传统节日，节期在农历五月初五，迄今已有2500余年历史。由驱毒辟邪的节令习俗衍生出各地丰富多彩的祭祀、游艺、保健等民间活动，主要有祭祀屈原、纪念伍子胥、插艾蒿、挂菖蒲、喝雄黄酒、吃粽子、龙舟竞渡、除五毒等。各种活动因地域差别而略有不同。端午节是蕴涵独特民族精神和丰富文化内涵的传统节日，对中国民俗生活有重大影响。”

中国约有30多个民族都过端午节。除了汉族外，苗、侗、土家等民族都于端午吃粽子、赛龙舟并纪念屈原。我国台湾地区的过端午赛龙舟也是为了纪念屈原，清代王士祯的《香祖笔记》记载说："台湾风信与他海殊异，风大而烈者为飓……五月五日曰屈原飓。"

20世纪70年代至90年代开始，龙舟竞赛成为现代体育项目，热潮席卷全球30多个国家。2011年5月23日，赛龙舟经国务院批准，列入第三批国家级非物质文化遗产名录。

四、龙舟与绘画

关于赛龙舟的文字记载，在正史、历代文人笔记以及地方志中很多。不过，以绘画的形式表现的并不是太多。上文所提及的云南、广西、浙江等地的铜器上的船纹图案是其中之一，但是此后直至宋代，相关的图像缺失了上千年。宋代张择端的《金明池争标图》，是现存较早的龙舟竞渡题材的绘画。此图描绘了北宋京城汴京（今河南省开封市）金明池水戏争标的场面。画面苑墙围绕，池中筑十字平台，台上建军圆形殿宇，有拱桥通达左岸。由画面下部“池门”入园，以界画的手法分别细致描绘了宋代皇宫中的主要建筑，包括“临水殿”“宝津楼”“棂星门”“仙桥”“五殿”“奥屋”等。表现画面主题的龙舟竞标场景，以一艘大型龙舟为中心，其两侧各有五艘小龙舟，每船头各立军校一名，舞旗招引，舟中桨手则奋力划棹，向前方标杆冲去。画面中各龙舟左突右进的空间安排，营造出争标的激烈、刺激与紧张气氛。“仙桥”右下方的“水傀儡”“水秋千”“乐船”，生动地描绘了水上百戏表演。“临水殿”中皇帝赐宴群臣，共赏争标；池岸上百姓或观龙舟，或春游赏玩，或买卖交易。众多人物汇聚图上，虽微小如蚁，但仔细观察，人物比例恰当，姿态各异，神情生动，颇具艺术魅力。画中描绘的景物、活动与宋孟元老所撰《东京梦华录》中的《驾幸临水殿观争标赐宴》记载基本吻合。不过，正如上文所指出的，宋代皇家多在清明节举行龙舟赛，所以它与端午节并无关系。

状元

元代画家王振鹏描绘了大量的与龙舟竞渡主题相关的作品，流传至今的四本都归于他的名下，包括《龙舟图卷》《龙池竞渡图卷》《宝津竞渡图卷》《金明池龙舟图》，分藏于北京故宫博物院、台北故宫博物院和大都会艺术博物馆。图中的场面，也与《东京梦华录》所载十分类似，描绘的也是北宋清明节时皇帝驾临开封金明池，观看诸军杂乐百戏与龙舟竞渡。画面中，龙舟的龙头高昂，龙尾高卷，龙身数层重檐楼阁。所有的龙舟不论大小，都无不雕镂精美，华贵异常。

此后，真正反映民间端午节龙舟竞渡活动的画，就更加少见了。民国时期的《点石斋画报》，有一幅《龙舟竞渡》是黑白线描形式的作品。它描绘的是清末芜湖地区端午赛龙船的情景，龙舟上楼层高耸，颇具有宋代遗风。

此外，我们还可以看到一些画在瓷器上的龙舟竞渡场面，时代以清代民国为主。如一位湖南藏家收藏的清代大盖瓶上面就有这个题材，展现了划龙舟、状元桥、龙戏珠和庭院庆等一派热闹的景象。而且更为奇特的是，画面上所有的人物都是总角童子，似乎是从民间百子图演化而来的。

瓶颈下为划龙舟部分，龙首紫衣打鼓者一人，龙尾绿衣敲锣者一人，中间划手6人，共计8人。龙舟龙首昂首树立，似有龙啸九天之势。龙尾翘起，龙肚宽阔而平坦。帆旗高高扬起，写有“龙舡”二字，船上的孩童则敲锣打鼓奋力划桨，水流在船桨的推力下似乎变得湍急，推动

着龙舟的前进。

龙舟的下方，一座石桥架立在稍窄的河口之处，桥身写了“状元橋”三个字。状元桥前有4人，后有4人，中间有3人，共计11人。桥面上一个穿红衣、戴纱帽的状元模样的儿童扬起马鞭，右下胁夹着一件白色假马，作骑马状正在过桥。身后有一孩童，为其撑起华盖。再往后是一名身着黄衣的孩童，举止跟前方的状元类似，也将马鞭高扬，作骑马

状，后方有撑华盖者。之后有一蓝衣人望向右后方。岸上有二人隔着栏杆，红衣儿童向右望，青衣儿童望向前方。这位状元的左前方有两个儿童相依偎，其中蓝衣者高举红灯，在状元正前方，有二童手提红色莲花灯，作迎接之状。

过完桥便是岸边热闹的舞龙戏珠部分，有30余人。其中舞龙者7人，舞鱼者4人，另有两人舞有一白一蓝两物。敲锣打鼓者及举灯和吹

唢呐者10余人。龙为绿身、红首、黄须，怒目圆睁，龙嘴大张，对身前的宝珠作欲咬之状。

随着舞龙的队伍向前，便到了一处庭院。此庭院内，有楼阁一处，楼上7人张望相迎，楼下则有22人欢处一堂。楼下有香案一件，案上有香炉一鼎，香烛一对，另有盛绿色植物的器皿一对，背后画一幅，香炉之上一盏红灯高高挂起。香案两旁坐有2人，身着紫衣和黄衣。2人之下

左下方有敲锣者2人，持鞭炮者1人，打鼓者1人，持钹奏乐者2人，长号者1人。右下方有持莲花灯者1人，交流观望者6人，相迎者2人，红衣相迎者神情欣喜，其后有举扇者1人，最前方有燃爆竹者1人，此人绿衣黄裤，一手掩耳一手燃竹，其后掩耳者2人。

整个瓶身上的人物和场景，仿佛是一群儿童在模仿大人举行龙舟竞渡活动。色彩大红大绿，民俗气氛特别浓厚。

中南大学中国村落文化研究中心收藏了几件清代的龙舟竞渡题材的绘画作品，与上述的龙舟绘画皆有不同。从其中一件作品中有关“屈原相公”的信息来看，反映的正是端午节这一天的龙舟竞渡。一方面，它描绘了现实生活中的场景，人们装扮成戏曲中的神仙、帝王、将相、贵妇、士兵等各色形象，在龙舟上表演竞技；另一方面，漂浮在天空的观音、真武大帝、护法元帅、雷公、电母、风伯、雨师等，以及海面上的龙王及虾兵蟹将，极富神秘色彩。这种人神杂糅的浪漫想象来自民间，其中又以楚文化的影响最为显著。

楚文化有几个主要特征：尊凤尚赤、崇火拜日、喜巫近鬼。这些都在画面中得以一一表现。凤的形象，主要体现在女性所乘坐之舟的造型。画面中的旗帜大多为红色，龙舟表面、人物服饰等也以红色为主，而红色又是火与太阳的颜色，这反映出楚人对于赤色、火和太阳三者关系的认识与理解。至于“喜巫近鬼”，则在画面中的人物形象中就可以直观地认识到。

目前公开展示或者出版过的龙舟竞渡图像，只有现藏于海南省博物馆的《龙舟大神宝像图》与之类似。海南省博物馆所藏的这件作品，画面分为天界、龙舟竞渡、人间迎送三个层次，跟中国村落文化研究中心所藏的这几幅图像一样，而且有很多形象都是一致的。上部天界绘制了都天圣驾，月、帅、日、日游、夜游、忠烈康灵王、二十四气、七十二候、十二年王、十二月将等场面共20个人物。人间迎送部分，绘制了本坊拜送和状元迎接两个场面共29个人物。中间为龙舟竞渡，是画面主体，包括招滩引水、开江斩缆、三郎、竞渡、传奏、护送、春季行化、夏季行化、秋季行化、冬季行化、五瘟、狮象进贡、水府、行化仙娘、五谷、屈原相公、赏设、六畜、统兵、集福、稂灾、拜毒、游江五娘、雨顺、风调、出山及龙王迎接等场面共132个人物。海南省博物馆的这件作品，为清乾隆时期民间画师赖尚元所绘。绘制地区在画面中有明确记载，也是江西省吉安府。

中国村落文化研究中心所藏的龙舟图像中，主要的几幅都是来自江西吉安地区，场面和规格也大同小异，与海南省博物馆所藏的这件作品在形制规格上都如出一辙，不过人物更加丰富。

张择端和王振鹏的龙舟图像，描绘的是皇家举行龙舟竞渡的场景，即使有所夸张，也是以现实生活为主。这几件清代的龙舟图像，更接近民间的道场水陆画，杂糅了儒、释、道及民间地方信仰。尤其是一些神灵形象，更是表明了地方信仰的力量，如都天大帝张巡、康灵王等，都是此类。

在江西、湖南、湖北等省，由于楚文化深入的影响，很多地方巫、道、佛杂糅，各地村落中建造的庙宇供奉着大量不同的地方神灵。即使是在日常婚丧和节日活动中，许多仪式都与这些杂糅的宗教密不可分。

但是，它又不是一种制度性的信仰，而是带有很强的随意性。或者也可以说，它只是各种民间信仰的大融合。端午节本身的演变，也反映出了民间信仰的这一特征。

这几幅龙舟图像，还反映出了民间信仰的世俗性。龙舟上的各色人物，都与戏曲杂剧相关。船工水手装扮成戏曲人物的样式，嬉戏取乐，既娱乐他们信奉的神灵，也娱乐观者和自己，俨然就是一幅人神同乐的场景。龙舟图像比龙舟文字更为形象直观，它较好地反映出了端午、龙舟、民俗三者之间的关系，具有重要的价值和意义。

明清两代的各类文献中，关于端午与龙舟的记载不胜枚举，但是，有关龙舟竞渡的图像则十分罕见。中南大学中国村落文化研究中心收藏的这六幅与龙舟相关的图像，绘制时间为清代至民国初期。它生动而形象地反映出了当时南方地区民间龙舟竞渡的热闹场景，具有极为珍贵的史料价值，对研究端午与龙舟习俗有着不可替代的作用。现将之首次公开发表，并进行简要阐述。

王振鹏 《金明池龙舟图卷 》(局部)，绢本设色，34.3cm x 538cm，大都会艺术博物馆藏

郎世宁《雍正十二月行乐图》(上)，绢本设色，现藏于故宫博物院

五、龙舟图像列举

纸本设色，清代，184×184厘米

第一幅

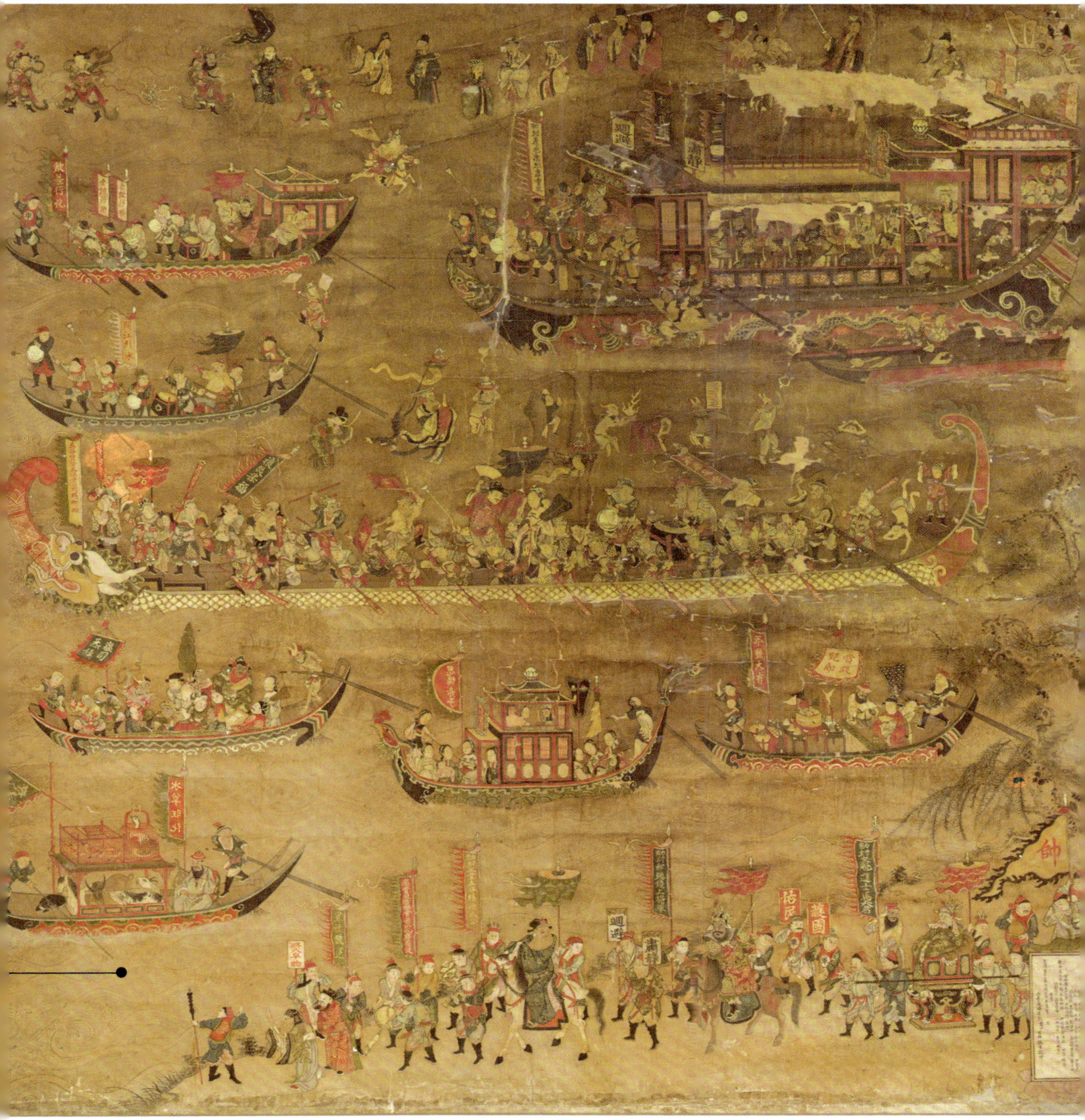

这幅龙舟图共分为天界、龙舟竞渡及人间迎送三个部分。场面壮观，人物众多，包括各路神灵、众生以及虾兵蟹将在内，共有181位。

天界共计19个人物。前二位为青年形象，一个手持椎，一个手持蛇矛。其后是赵公明元帅。赵公明的身份很复杂，单独供奉的时候，他是财神，或是门神。在群像中，他通常是道教的护法元帅之一。据说，他原名赵朗，字公明，是商朝的武官，与钟馗是老乡，陕西终南山人氏。在唐宋以前的文献记载中，赵公明是一个专门统督鬼兵散布瘟疫以夺取世人性命的瘟神。直到明代，王世贞《列仙传》中记载的赵公明仍然为瘟神。作为八部鬼帅之一，他带领鬼兵，在人间散布瘟疫痢疾，作恶多端。后来，天界的太上老君派张天师与其斗法，最终将其降服，并被张天师收为徒，使其骑黑虎，守护丹室，因而被封为“正一玄坛赵元

帅”，故又称其为赵玄坛。元明时期的《三教源流搜神大全》将赵公明视为道教神仙，该书称赵公明在秦时避世山中修行，功成之后，被玉帝封为神霄副帅，后随其师张天师到鹤鸣山，神职是“驱雷役电，唤雨呼风，除瘟剪疟，保病禳灾”，后来又发展成为“讼冤伸抑，公能使之解释，公平买卖求财，公能使之获利和合。但有公平之事，可以对神祷，无不如意”。由此可知，赵公明从一个恶神逐渐转变为善神，既能保障人们健康、平安，又能保佑买卖顺利，使人们和气生财。他的形象通常是头戴铁冠，手执铁鞭，面色黝黑，胡须浓密，坐骑为老虎。他的手下有八员猛将，六毒大神，还有五方雷神、五方猖兵、二十八将等，能驱雷役电，唤雨呼风，除瘟剪疟，保病禳灾，功莫大焉。在民间的道教神像中，赵公明常与灵官马元帅、关羽、温琼合称为四大天将。

赵公明的右边为真武大帝。真武大帝全称为“真武荡魔大帝”，

他还有其他称号，如玄天上帝、披发祖师等。道教中将其奉为北方之神，是道教的大神之一。真武信仰由星宿信仰发展而来。古人将天上的二十八宿分为东方朱雀、南方青龙、西方白虎和北方玄武，其中北方玄武包括斗、牛、女、虚、危、室、壁七宿，其组形如龟蛇。道教兴起之初，玄武只是普通的护法小神而已。自宋代后，玄武异军突起，成为道教的大神，其与统治者的倡导有密切关系。相传，北宋真宗有一天做了一个梦，梦见玉皇大帝派神仙降旨，说有一位名叫赵玄朗的祖先将降天书，于是将赵玄朗封为“圣祖上灵高道九天司命脉保生天尊上帝”。古人对帝王的祖先都要避讳，于是“玄武”只得改称为“真武”。宋真宗于大中祥符七年又封真武为“镇天真武灵应佑圣真君”，于是龟蛇形状的星宿之神被塑造成了一位修行得道的大仙。后来道教中人不断为真武“制造身份”，《道义·太上说去天大圣真武本传神咒妙经》中就记载道：真武曾奉天命到人间协助武王伐纣，于是被册封为玄武，加号太上紫皇天一真人、玄天上帝。除此之外，民间社会的推崇也是真武大帝崛起的一个重要原因。宋代商业发达，商人阶层崛起，市民阶层需要一种保佑他们发家致富的信仰。于是，在皇室推崇和民间信仰需求合流下，真武大帝也就兴起了。据南宋洪迈《夷坚志补》记载，其时民间常常悬挂“真武画像于床头，焚香祷请”。洪迈《夷坚支志》中对真武大帝的形象有比较详细的描述，说在宋孝宗时有进士叶方曾得一画，“真武仗剑坐石上，一神将甚雄猛，持斧拱立于旁”。真武大帝的形象在宋代基本成型，南宋赵彦卫《云麓漫钞》记载，当时的真武大帝像“被发黑衣，仗剑蹈龟蛇，从者执黑旗”。可见，真武大帝的形象非常威武，披头散发，双目如电，金锁甲胄，按剑而立，脚下踏着五色灵龟，身边侍立着龟蛇二将，或者记录三界功过善恶的金童玉女。明代是真武大帝声势显赫、民间信仰最为普遍的时期。明初，燕王朱棣发动“靖难之变”，夺取皇位。传说真武大帝曾显灵，对燕王施以援手，因此朱棣登基后，即下诏特封真武为“北极镇天真武玄天上帝”，在武当山修建成八宫二观、三十六庵堂、七十二岩庙、三十九桥、十二亭的庞大道教建筑群，并在天柱峰顶修建“金殿”，奉祀真武大帝神像。此后，武当山

作为举世闻名的道教圣地，与真武大帝信仰牢不可分。

真武大帝的右边为殷元帅。殷元帅名郊，相传为纣王之子，出生时被抛荒野，故名，以国为姓。他被金鼎妙化申真人收为弟子，化身三头六臂，后助周灭商有功。在信仰北极玄武大帝的道派神仙谱系中，作为北极驱邪院下的护法神太岁殷郊，从属于得道的神仙。湖南《辰州傩符》记载了当地的傩歌《殷元帅咒》：

仰请地司殷元帅，真元杀鬼大将军。
十世修行为太子，一粒金丹成正真。
天星地耀归麾下，土皇瘟疫奉律令。
效忠不违法背逆，帝赐黄钺斩妖精。
见闻有请神速降，统领诸将赴坛庭。
若有邪魔违命者，金钟一下化碎尘。
十二年并王月将，出入随从不离身。
我今拜请望来临，大赐雷威加拥护。

殷元帅的形象为孩儿相，丫髻青面，项带九骷髅（数目不一），额头还戴一骷髅，上身裸体，披风带，下身着红裙，右手黄钺，左手执金钟，有时也以戟、钺或者剑为武器。赤脚，足下及俯身遍是飞火（这个

形象跟哪吒很像)。在这幅画像中,殷元帅的上身并未赤裸。

真武大帝和赵元帅、殷元帅为一组,他们边上的另一组是观音和文昌帝君。观音是在民间信仰中最具亲和力的佛教神灵。观音能适应众生的要求,对不同的众生现化不同的身相,说不同的法门。在汉传佛教中,观音有33种化身,包括:杨柳观音、龙头观音、持经观音、圆光观音、游戏观音、白衣观音、莲卧观音、泷见观音、施药观音、鱼篮观音、德王观音、水月观音、一叶观音、青颈观音、威德观音、延命观音、多罗尊观音、蛤蜊观音、六时观音、普慈观音、马郎妇观音、合掌观音、一如观音、众宝观音、岩户观音、能静观音、阿耨观音、阿么提

观音、叶衣观音、琉璃观音、不二观音、持莲观音、洒水观音。其中，除白衣、叶衣、青颈、多罗尊、阿么提五观音外，都是在中国唐代以后民间自发衍生、流传的观音形象。这幅龙舟图中的形象，就是其中之一的杨柳观音。观音为普通妇人打扮，左手捧玉净瓶，右手持杨柳枝。汉传佛教认为，修杨柳枝药法，可消除身上之众病。同时，杨柳观音也能护佑风调雨顺、五谷丰登。

文昌帝君有很多其他称呼，如梓潼夫子、文昌帝、文昌星、济顺王、英显王、梓潼帝君、雷应帝君，等等。文昌帝也是从星宿中来，又称文曲星，在中国传统社会中一般认为是星宿中主文运者，杜甫就曾作诗："北风随爽气，南斗避文星。"又《东观奏》："初日官奏文昌星暗，科场当有事。"由此可知，文昌与文运之关系。关于文昌星的说法，文献中有大量记载。《史记·天官书》记载："斗魁戴匡六星，曰文昌宫，一曰上将，二曰次将，三曰贵相，四曰司命，五曰司中，六曰司禄。"文昌六星为上将主威武、次将正左右、贵相理文绪、司命主灾咎、司中主右理、司禄赏功进士，各司其职，掌管天下文运，所以受到文士的崇拜。据道教传说，玉帝命梓潼帝掌管文昌府和人间禄籍，因此称之为梓潼帝君。《华阳国志》中记载梓潼县有一座庙叫善板祠，供奉的是张亚子。宋吴自牧《梦粱录·外郡生祠》："梓潼帝君庙，在吴山承天观，此蜀中神，专掌注禄籍。凡四方士子求名赴选者悉祷之。封王爵曰惠文忠武孝德仁圣王。”《云笈七签》：“文昌星神君，字先常，天子同命之符也。中央司命者。或曰制命丈人，主生年之本命，摄寿夭之简礼。”文昌帝君通常为中年男子装饰，着官服戴官帽，下巴有胡须。他是道教尊奉的掌管士人功名禄位神，在民间有着广泛的信仰。根据以上文献及传说，我们可以知道，文昌帝君与梓潼神有关。其中有一种传说认为，东晋时期的四川人张育自称蜀王，起义抗击前秦苻坚，英勇战死，人们就在梓潼郡七曲山为之建张育祠，并尊奉他为雷泽龙神。当时，那里也建祠庙祭祀梓潼神，两位神灵于是就合称梓潼神。元代开始，梓潼神又与文昌神合为一神。文昌帝君不仅主管读书人，也行善施药，泽被百姓，还是瘟神的天敌。

观音和文昌帝君二人下方，有一个骑马的白面青年，手持令旗，为功曹。功曹是向人间传达天界信息的使者，是汉族民间信仰和道教所奉的小神。虽然地位不高，但是非常重要，其形象或骑马，或腾云驾雾，共有四位，称为“四值功曹”，分别是值年神李丙、值月神黄承乙、值日神周登、值时神刘洪。他们的主要工作是考察记录功劳，掌管功劳薄，还兼作守护神将。各地的城隍庙一般都供奉有四值功曹。在水陆法会中，四值功曹主要是充当传令官。《金瓶梅》第三十九回描写，道官为西门庆在玉皇庙打醮，设下许多符文箓命，其中一道就是请功曹充当送符神吏，“捧奏三天门运递关文”。第六十六回写道：“金童扬烟，玉

女散花，执幢捧节。监坛神将，三界符使，四值功曹，城隍社令，土地祇迎，无不毕陈。”

右边的两组形象，皆为三位一组，一组为三官大帝。三官大帝属于早期道教尊奉的三位天神，在民间信仰广泛。他们的来历有很多说法，其中之一的原型是尧、舜、禹。天官全称为“上元一品赐福天官紫微大帝”，地官全称为“中元二品赦罪地官清虚大帝”，水官全称为“下元三品解厄水官洞阴大帝”。三官各自掌管不同的事务，分别为天官赐福，地官赦罪，水官解厄。天官每逢正月十五到人间，校定世人罪福，故称天官赐福；地官每逢七月十五到人间，校戒世人罪福，为人赦罪，故称地官赦罪；水官每逢十月十五到人间，校戒世人罪福，为人消灾，故称水官解厄。所以，正月十五、七月十五和十月十五日分别为天地水三官的神诞日，称之为三元节。其实，中国先秦时期就有祭天、祭地和

祭水的礼仪、仪典。《仪礼·觐礼》篇称:“祭天，燔柴。祭山、丘陵，升。祭川，沉。祭地，瘗。”当时祭祀天地水是贵族的特权，庶民只能祭祀祖先。东汉末年，张道陵创立五斗米道，为道教徒请祷治病时，就要祭祀天地水三官并上三官手书，“请祷之法，书病人姓名，说服罪之意，作三通，其一上之天，著山上；其一埋之地；其一沉之水。谓之三官手书。”明代以来，各地建有许多三官殿、三官堂、三元庵、三官庙等。每逢三元节，人们都要到庙宇祭拜三官，忏悔罪过，祈福免灾。当时，信仰三官的民众都禁荤食素，称为“三官素”。

另一组身披袈裟、头戴瓜皮帽的僧人，共计3位，具体身份尚待考

证。三僧人之后是电母、雷公。关于雷神，《山海经·海内东经》记载：“雷泽中有雷神，龙身而人头，鼓其腹。在吴西。”《山海经·大荒东经》载：“东海中有流波山，入海七千里。其上有兽，状如牛，苍身而无角，一足，出人水则必风雨，其光如日月，其声如雷，其名曰夔。黄帝得之，以其皮为鼓，橛以雷兽之骨，声闻五百里，以威天下。”雷神在先秦又称为雷公，《楚辞·远游》记载：“左雨师使径侍兮，右雷公以为卫。”雷神的形象有一个很长的演变过程。汉代时，人们把它塑造成人头龙身的怪物，敲打它的肚子就发出雷声，后来才渐渐变成尖嘴猴脸的形象，并逐渐定型。晋人干宝《搜神记》记载雷公“唇如丹，目如镜，毛角长三寸余，状似六畜，头似猕猴”。明清时代，《集说诠真》将雷神形象进行了标准化：“状若力士，裸胸袒腹，背插两翅，额具三目，脸赤如猴，下颏长而锐，足如鹰颤，而爪更厉，左手执楔，右手执槌，作欲击状。自顶至傍，环悬连鼓五个，左右盘蹑一鼓，称曰雷公江天君。”雷神是惩罚罪恶之神，民众坚信，一个人如果做了坏事或违背誓言，就有可能遭五雷轰顶而死去。在特定的时节祭祀雷神，可以祛邪、避灾、祈福。

电母是从雷神信仰中分化出来的，为司掌闪电之神，属阴，故称母，又称金光圣母、闪电娘娘。在神话传说中，她演变成了雷公的妻子。据清代人钱大昕在《十驾斋养新录》引《管辂别传》中的记载，汉代末年就已经有“雷公电父”的说法，不过从汉到唐之间，这种记载并不常见。在唐代以后，“电母雷公”并称就常常出现在文献中了，唐人崔致远有“使电母雷公，凿外域朝天之路”的记载。宋代人苏轼也有“麾驾雷公诃电母”的诗句。宋元之后，电母变得有姓名了，《铸鼎余闻》中记载：“电母秀使者，名文英。”电母早期的形象十分不堪，红色的头发短而蓬乱，两只脚上只长了三个脚指。直到明代，她的形象才开始变成容貌端庄的女性。因为作为自然现象的雷总是与闪电伴随在一起的，所以，电母也总是和雷公同时出现。电母的双手分别拿着一面镜子，用它们发出电光。一般的民众也赋予雷电以惩恶扬善的意义。

后面两位神仙，一个手持长剑，较为年轻，当为雨师。中国古代是一个农业社会，雨水充足与否与农业收成密切相关，所以形成了对雨神

的崇拜。自西周以来，雨神都被列入国家祭典。关于雨神的古籍记载有很多：《周礼·大宗伯》篇称，“以燎祀司中、司命、风师、雨师”。郑玄注：“雨师，毕也。”其意是“月离于毕，俾滂沱矣，是雨师毕也”。东汉蔡邕《独断》称“雨师神，毕星也。其象在天，能兴雨。”毕星是二十八宿之一，可见雨神也与星宿崇拜联系起来。《风俗通义》有“春秋左氏传说，共工之子，为玄冥师”“郑大夫子产禳于玄冥”的记载，这里的玄冥也就是雨师。《楚辞·天问》“屏号起雨”，王逸注“屏，屏翳，雨师名也”。《山海经·海外东经》郭璞注：“雨师为屏翳也”。所以，雨师又称萍翳、玄冥等。晋《搜神记》载“赤松子者，神农时雨师也”，赤松子是雨神。《列仙传》则认为，雨神是一颠狂野人，能化为赤龙，随风雨而下，后被元始天尊封为雨师，主行霜雨。民间流传的雨师的典型形象为一乌髯壮汉，左手执盂，内盛一龙，右手若洒水状，称陈天君。这幅画中的雨水则为中年道士形象，左手执盂，右手持剑，正在作降雨状。后来由于主管降雨的神灵变成了龙王，所以雨师的地位有所下降，只是在道教大型斋醮仪礼上，设置雨师的神位，随众神受拜。

另一个手持扇子，须发皆白，当为风伯。风神被称为箕星，也称作风师、箕伯等，掌八风消息，通五运之气候。风是气候的主要因素，事关济时育物。风伯崇拜很早就有了。《周礼·大宗伯》记载："以槱燎祀司中、司命、风师、雨师。"东汉蔡邕《独断》称："风伯神，箕星也。其象在天，能兴风。"从这来看，风神也与星宿崇拜联系在一块。《风俗通义》对风神的描述是："鼓之以雷霆，润之以风雨。养成万物，有功於人。王者祀以报功也。"唐以后，因风伯的主要职能是配合雷神、雨神帮助万物生长，所以受到历代君主的虔诚祭祀。民间信仰中，风伯是一个白发老人，左手持轮，右手执扇，作扇轮子状，称风伯方天君。

右上角另有一人，骑着一只兽头鸟身的神兽，似为飞廉。飞廉是汉族神话传说中的怪兽，它的相貌奇特，鹿一样的身体上面布满了豹子一样的花纹。头像孔雀，上面的角峥嵘古怪，拖着一条蛇一样的尾巴。曾与蚩尤一起拜一真道人为师，在祁山修炼。据说，飞廉因为善于行走而为纣王效力，周武王击败纣王之后，飞廉殉国自杀，天帝为他的忠诚感

动，用石棺掩埋他，并封他成为风神。屈原在《离骚》中吟道："前望舒使先驱兮，后飞廉使奔属。"南北朝时期的《三辅黄图》称："飞廉，神禽，能致风气者，身似鹿，头如雀，有角而蛇尾，文如豹。"飞廉也被当成风神祭祀。

中间的龙舟竞渡场景，大大小小共计8条龙舟。

左边第一条船上12位。上面有彩旗三面，最前面的为红底黄字，上书"钦差行化"；后两面为黄底红字，上皆书"金鼓得胜"。船头一人手撑长竿，红色马甲上有一个"军"字，他回头吆喝，给奋力划船的四人打气助阵。另有四人分别拿着四件乐器，分别为铙钹、锣、唢呐和大鼓。乐器队后面，一位身穿红色袍服的武将坐在案前，边上一侍从手撑红色华盖伞，双目注视着武将身前的桌案。船尾一座重檐楼阁，一人正

在撑长篙。船身漆成红色，画有金色的云纹，两头漆成黑色。

下方的船只上面共有8人。船头一人头扎红布，手持铜锣。一人撑着长篙划船，身后三人分别吹唢呐、敲锣、打鼓。边上飘扬的旗帜为金底红字，上书四字：“开江引水。”一官员穿戴清代服饰，坐在案前，身后也有一侍从撑华盖伞，不过颜色为青色。船尾一士兵正在划动长桨。船身为黑色。这条船与上一条船之间的水面上，有一双手持令旗者，似

为功曹。

红黑两条小船的右边，是一条十分雄伟的大龙舟。装饰华丽，楼阁庄严，各色人物共计35人。船头有一士兵左手撑篙，右手向前伸出。三位乐手分别吹唢呐、敲锣、打鼓，神情专注，一士兵正反身奔向船的中部。楼阁前面三位武将装束的人物，似皆为天将，其中两位面带凶相，分别手捧文书和手持金瓜。一位面目清秀，腰挂宝剑，身前一黑犬。一面金底黑字的旗迎风而立，上书："敕封义勇忠烈康灵王。"楼阁入口上书四字匾额："都天太□。"顶上有金底黑字的"回避""肃静"的仪仗牌两块。接下来左右分别有黑底金字旗两面，一面为反写，一面有所残缺，分别应为"十二年王""十二月将"。船板上两位头戴红色头巾的士卒，正抬着物件。船中部的楼阁中，15位文官手捧笏板，恭恭敬敬地分两排坐着。船舱顶上有一组兵器架，部分残损，上插刀、钺、矛等

长兵刃14件。兵器架的一头，为红底金字的牌位‘都天圣驾”。船舱中接下来的两人，似为一僧一道，他们中间，坐着头戴冕旒的康灵王。船尾五人应为乐队，其中一人正吹唢呐，另一人也手持一件长形管乐器。楼阁上面，是两面金底红字旗，有残缺，但可以辨认，分别为“风调雨顺”“国泰民安”。楼阁外面，是两位侧身弯腰手撑长篙的船员。船头画有龙头，船身也画有完整的长龙。边上一条小舢板和大龙舟紧紧相连，上面堆着绳索和铁锚。船身上坐着两个人，一人正悠闲地吹一件小型乐器，另一人正在摆弄绳索。

这是这幅画中规格最高的一条船。整个龙舟竞渡，以康王为中心。康王原型众说纷纭，其中以周康王、宋将康保裔之说最为盛行。清代《铸鼎余闻》卷二记载：“国朝王谟《江西考古录》引《浔阳记》：庐山西南有康王谷，北岭有城即钊城，亦作周王城。《述异记》曰：周康王

好音，累寻名山，故有康王之号。又据《竹书纪年》康王十六年南巡狩至九江庐山，故江西境内多康王庙。”《宋史》记载，康保裔是河南洛阳人，在真宗时，担任彰国军节度使，其后又任高阳关都部署。契丹部队大举入侵时，康保裔遭契丹数重兵力包围，部将皆劝说其逃跑。康保裔将部将斥责一顿，与契丹决战二日，兵尽矢绝，以身殉国。后人就建了忠烈康王庙来祭祀他，得到了国家的认可。并且，由于道教中司辖疫疠的康元帅也姓康，二神逐渐合二为一，广受敬奉。

“义勇忠烈康灵王”龙舟下方的水面上，是一组水族形象。包括龙王、蚌、鱼、虾、蟹、夜叉等共计11种。左边一位水族官员双手执笏，和龙王一起，向船上人间的皇帝朝拜。所有的虾兵蟹也都弯腰作揖。一位夜叉手擎黄底红字牌，上书“龙宫接迎”四字。

古代把麟、凤、龟、龙称之为“四灵”，龙王属于四灵之一，是汉族神话传说中在水里统领水族的王，掌管兴云降雨。从汉代开始，就有了向土龙祈雨的风俗。自从东汉佛教传入中国后，佛经称诸龙王“莫不勤力兴云布雨”，才有了龙王的称呼。无论江河湖海、渊潭塘井，只要有水的地方就有龙王，掌管该地的水旱丰歉。传说中的龙王形象，多是龙头人身，身穿龙袍，很像人间的帝王。传说龙能行云布雨、消灾降福，所以向龙王祈求平安和丰收就成为一种民间习俗。道教的《太上洞渊神咒经》称，气候炎热庄稼干枯的时候，元始天尊乘五色云来临国土，与诸天龙王等宣扬正法，普救众生，大雨洪流，应时甘润。

接下来，是最长的一条龙舟，横在画面中间，共计44人。船头一面金底红字旗插在龙头，上书:“五谷丰登盈满仓箱杨柳塅”。从画面的题跋来看，杨柳塅是江西吉安的一个自然村庄的名字。船上的人物共有两组，一组杂耍舞乐，一组划船，但两组有时候也互有穿插，比如，划桨者突然停下来表演乐器。一人地位较高，手执板斧，正在指挥。旁边一侍从为其举着红色华盖。左右两个人高举红色的船桨，回头观望。一小丑模样者肩扛黑底金字旗，上书:“禳灾集福。”一队杂耍分布在船中，一人吹海螺，一人挥舞双棍，一人舞动“得”“胜”两面旗，一人吹奏长乐器，一人舞折扇。正中一妇人前抱折扇，后背小孩，顶上是青色华盖，接下来有举幡者、敲锣者、击鼓者。一人肩扛红底金字旗，上书:“保泰民安”。两个总角童子分别手执小型乐器，站在艄公身前。艄公一手拿芭蕉扇，一手控制长桨，神态自若。船尾划桨者将桨扛在肩上，

身后一总角童子赤裸上身，单手倒立，一着红裳者站在最后压阵。花将在者十余人，左右分布，有的奋力划船，有的则放下船桨吹奏乐器。整个龙舟两头翘起，船头翘起的为龙舌，船尾翘起的为龙尾，皆为红色，中间的龙身布满金色鳞纹，设计十分巧妙。

下面是三条小船一一分布。第一条船形制简单，共计17个形象。船上有一青底金字旗，上书："瘟司炁侯。"这一组为瘟神，中间一赤须者，当为赵公明。第二条船为凤头，上面有楼阁，加上婴儿在内共计13人。船头五位妇人，一人撑篙，两位怀抱幼儿。边上有红底金字旗，上书："思怜赤子。"并有一红底金字牌位，上书："天妃圣母。"则可知窗户中露出一头戴凤冠的妇人即为天妃圣母，她手持笏板，对面是一位肩披如意云肩的青年妇人。天妃圣母就是妈祖，又称天妃、天后等，是

中国东南沿海为中心的海神信仰。妈祖的原型为宋代的林默，出生于福建莆田。她性情和顺，排难解纷，行善济世。28岁时，在海上搭救遇险船只不幸被桅杆击中头部身亡。“人行善事，死后为神”，后人于是将其神化为名副其实的“海上女神”进行祭祀，为船工、海员、旅客、商人和渔民共同信奉。在船舶启航前要先祭妈祖，或在船上立着天妃神位供奉，祈求保佑。

船尾四位妇人，其中一人正在摇橹，并回头跟第三条船上的人打招呼。回应她的是立于船头的一青年男子，手持长篙。他的身后有两面旗，一面红底金字上书：“年丰大有。”另一面金底红字上书：“赏设儿郎。”中间摆设有酒坛、灯烛、香炉及各色点心。船尾四人，着红色官服者地位较高，他手持折扇，端坐桌前，正听一位胡须浓密的差人汇

报。身后一总角童子举扇，船工摇橹。这条船上共计5人。

第八条船位于画面左下角，上面共计3人，两人撑船，一人坐在船中指挥。船上的主体是各种家禽家畜。船头有青底金字旗，上书：“六畜兴旺。”船尾有红底金字旗，上书：“水草旺化。”船舱中卧着狗、马、牛、猪、羊五种家畜，上面有一个架子，架子上有一方一圆两个红色笼子。前者关着三只鸭子，后者关着一只鹅和一只公鸡。

岸边一大队人马，共计31人。根据不同的旗号，可将其分为三组。最前方的一组是“敕封主掌五谷杨伯太公”，有13人。杨伯太公须发皆白，坐在一匹白马上面，回头看着身后。推测这位主掌五谷的杨伯太公应该是唐代诗人杨炯。他与王勃、卢照邻、骆宾王齐名，世称“初唐四杰”。他曾任盈川县令，县治在今浙江省衢州、福建龙游等地。民间

传说，杨炯到盈川以后，每年农历六月初一，必到附近村落巡视。所到之处，害虫就会被白鸟吃掉，粮食丰收，六畜兴旺，所以深得百姓拥戴。后来，当地遭遇大旱，田地龟裂庄稼枯焦，杨炯心急如焚，遂为求甘霖，纵身跳入盈川潭。顷刻，暴雨如注，旱情解除。当地百姓感其恩泽，为其建祠塑像，长年祭拜。从此以后，当地每年六月初一，必定举行“杨炯出巡”仪式，后来成为一种迎神赛会型的传统民俗。另外，杨伯太公也可能是杨五郎，为宋将杨继业的第五子，曾跟随杨继业征战多年，十分勇武，后在五台山出家。莆田一带的百姓，就祀奉他为杨太师，作为瘟部的主帅，巡察瘟疫。

杨伯太公的前方有人鸣锣开道，几位官员手捧笏板毕恭毕敬地对着水面。一人持白底红字牌，上书：“兴人阜物。”一人举绿底金字旗，上

勅封主掌五谷楊伯大公
興人阜物

敕封都頭錢上将軍
佑民
護國
敕封文魁進士馬天君
帥

书："里社饯送。"一人擎红底金字旗，上书："庆赏风云际会，普沾雨露恩波。"中间的一队人马是"敕封都头钱上将军"，共计5人。应该指的是五代十国时期吴越国的创建者钱镠。他在唐末逐渐占据两浙十三州，先后被中原王朝封为越王、吴王、吴越王。在位41年，庙号太祖，谥号武肃王。在位期间，钱镠曾征用民工，修建钱塘江海塘。因为涌潮汹涌，钱塘江海堤修筑不成，部下都认为是潮神作怪。钱镠于是在8月18日在钱塘江前布置一万名弓箭手，并声称："假如潮水再来，那就不要怪我手下无情！"一会儿，但见远远一条白线，飞速滚来，钱镠命万箭齐发，直射潮头，于是潮头慌忙逃走。直到今天，钱王射潮的地方，江水还弯弯曲曲地向前流去，因此又叫这个地方为"之江"。江堤修建后，钱塘一带富庶盛于东南。两浙百姓都称其为"海龙王"。钱上将军为中年武将形象，手挥宝剑，骑棕色马。两人举"肃静""回避"牌，一人举钱将军旗号，一人举华盖。

位于最后的一队人马是"敕封文魁进士马天君"。马天君就是马王爷，有时称为"水草马明王""灵官马元帅""华光大帝"等。因为长有三只眼，又称"三眼灵光""三眼灵曜"。马天君是由佛教华光如来转化而来的道教之神，与赵公元帅、关圣帝君、温琼元帅并称"护法四元帅"。《三教搜神大全》介绍，马灵耀曾经三次"显圣"，降五百只火鸦，杀东海龙王，为救母亲大闹地狱，后来玉皇大帝封其为真武大帝部将，护法天界。《五显灵官大帝华光天王传》中描述马灵宫善于用火，身上藏有金砖火丹，随时用火降伏魔怪，所以后来民间又把他视作“火神”。三只眼的马天君坐在一张铺着虎皮的宝座上，由四人抬着。两人高举“护国”“佑民”牌在前方开路。其他几人或举帅旗，或鸣锣击鼓。右边的松树和柳树分别露出枝干，为整个画面增添了很多情趣。

右下角为一长方形白底，上有墨书十三行，记载了这幅作品的绘制时的信息：“江西省吉安府庐陵县淳化乡八十三都大含堡杨柳塅坊吉向居住，祈福香首。康福鉴，福传，尹开炳，康兴信，兴祯，兴榜，兴樟，胡知晖，尹吉佑，福位，福佪，兴梁，祯万，万煜，万灯，代周，代叶，代向，兴棣，福铎，兴禄，兴祈，兴祓，兴神，福链，兴材，兴祚，兴礼，兴禅，兴祼，兴禖，孙杰，孙烈，尹文亮，胡履述，昌朝炳，刘继仲，李祖禄，罗显徎，萧子珏。偕合团各户人等，各捐己财，彩绘，龙舟一幅入于本团，永远供养，祈保各家清吉，四序攸宁，功名显达，五谷丰登，人兴物阜，百事咸亨。谨意，皇清道光二年洪岁壬午冬月吉旦。丹青凰塘边刘贯一，百拜，盥手敬绘。”

纸本设色，清代，180×177厘米

第二幅

这件龙舟图像已经有所残损，但同样场面宏大。形制也分为天界、龙舟竞渡及人间迎送三个部分，共计209个人物形象。

天界中，以左边一帝王的装束为中心，他手持笏板端坐，身后两个童子护着一块“都天圣驾”的牌位，可知帝王即为都天大帝张巡。都天大帝就是唐代平叛“安史之乱”的睢阳守将张巡，又被称为“都天老爷”。安史之乱时，张巡任真源令，起兵守雍丘（今河南杞县），安禄山军数万围攻不能下。后弃雍丘守宁陵（今属河南），与睢阳太守许远合军大败安禄山军，被玄宗任为河南节度副史。他与敌共开展大小400余战，消灭敌兵12万，器械、甲仗都取之于敌，遏阻了叛军南下的道路。后来终因寡不敌众，战死于睢阳。张巡殉国时，身首支离，芮城、邓州和睢阳三地皆招魂而葬。在陕西省周至县“老王会”祭祀的孝王，其中之一就是张巡。在福建莆田，张巡被尊奉为司马圣王，能够保境安民。长江中下游地区有很多都天庙，就是为了祭祀张巡。

三官大帝位于左下角，南极仙翁位于右上角。南极仙翁又称南极真君，是民间传说中的老寿星。寿星形象为一白发老翁，鹤发童颜，面目慈祥，所拄弯曲拐杖，必高过头顶。常被汉族民间用作年画图案，是吉祥长寿的象征。福禄寿三星，起源于远古的星辰自然崇拜。古人按照自己的意愿，赋予他们非凡的神性和独特的人格魅力。

中间一组以真武大帝为中心，马天君、赵公明、温琼、关羽等元帅环绕左右。温元帅是温琼，是汉族民间信仰的地方神，头发火红，青脸獠牙。最初是东岳大帝的部将，因为英勇而受到玉皇大帝的特殊恩遇，封为“亢金大神”，赐予“无拘霄汉”金牌一面，使他能自由出入天门。温琼也是真武大帝的部将，凭借玉环和铁箭降妖伏魔。温琼与马、赵、关同为护法四元帅。马元帅肤色雪白，赵元帅全身黑色，关元帅遍体赤色，温元帅则遍身青色。温琼的庙宇，有的叫作广灵庙，有的叫作温将军庙，大多分布在江浙一带。民间道士为斋主作法祈禳时，都要供奉其名号。

关羽是三国时期的人，以忠义著称。不过，从魏至唐，关羽在汉族民间的影响并不大。唐代称关三郎，为人鬼之流。宋以后，关羽的声名才日渐显著，逐渐神化。在宫廷和汉族民间信仰极其普遍，被称为“关圣帝君”，简称“关帝”“关公”“关老爷”，又称“荡魔天尊”“伏魔大帝”。道教将其奉为护法四帅之一，并祀之为武财神。藏族地区的群众则将其与格萨尔王信仰结合起来。关元帅面如重枣，唇似抹砂，丹凤眼，卧蚕眉，手持青龙偃月刀。关公身兼数职，包括武神、财神、司命禄、佑科举、治病除灾、驱耶辟恶、诛罚叛逆、巡察冥司等。

真武大帝右边一组以斗母为中心，其中多臂者即为斗母。斗母又称斗姆、斗姥元君、斗母元君等。她是汉族民间信仰的一位神仙，属于道教神明，来源于古时代汉族先民对星斗崇拜的信仰。据说，她生了九个

儿子，大儿子为天皇大帝，二儿子为紫微大帝，其他七子为北斗七星。在一些有名的道观里，都供奉着斗母的塑像，造型极为奇特：额头上长着三只眼睛，肩膀上有四个头，八只胳膊分别拿太阳、月亮、宝铃、金印、弯弓、矛、戟等法器。

左边一位神灵不知为何人，右边手捧玉净瓶者为观音。画面右边已经破损，只能看到雷公的形象，雷公边上露出的部分应为电母。四值功曹分散在这几组神像之间，其中有三位功曹骑马，一位步行。云纹像水波一样穿插其间，露出左边白色的月亮与右边红色的太阳。出现在画面上的天界神仙总共26位。

龙舟竞渡部分共计有12条大小不一的龙舟。

右上边为最大的一条船，分两层，共计34人。上层七人，六人为乐手，两人吹唢呐，一人击鼓，后面三人敲锣击钹。第七人为船工，正在转舵。正前方插一面金底蓝字旗，上书一个巨大的“帅”字。四个角落也分别插有红底金字旗一面，前方两面旗帜已经不辨文字，后面则为“十二年王”和“十二月将”。十二月将是主管一年十二个月的神，又称十二神。分别是：寅为功曹，卯为太冲，辰为天罡，巳为太乙，午为胜光，未为小吉，申为传送，酉为从魁，戌为河魁，亥为登明，丑为大吉，子为神后。

十二年王。民间将十二年视为一个周期，每年都有一位神灵主管当年的气象。《法海遗珠》中有每位王爷的名字。台湾台南县西港镇庆安宫三年一次的“金箓禳灾祈安清醮”，会供奉“十二年王”。

船头站立武将四人，文臣二人，举伞侍从一位，船工一位。他们神色惊奇地望着前方，水面上一条巨大的鲤鱼正在跃出。两个大的铁锚置于船头，一条白色犬坐在旁边，另有两位船工正在合力摇橹。船舱中共计14位文武大臣，分别坐于两侧，皆手捧笏板。皇帝坐于长桌一端，离他最近的两人为一僧一道。皇帝的身后为一女性形象，应为皇后。船尾有一船工正在忙活。船身上装饰着蝴蝶和牡丹纹样。

大龙舟的前面是两条小舟。最前方开路的舢板上为五人，船头船尾两个船工，一人撑船，一人摇橹。身着红袍的武将手持大斧，立在船中。身后一人擎红底金字旗，上书“开江引水”四字，一人鸣锣。

另一条船较大，共计10人。上插三面旗帜，其中两面红底金字，分别书“屈原神舡”和“三闾大夫”。东汉末年应劭的《风俗通义》记载说：“屈原于是日（五月五日）死于汨罗，人伤其死，所以并将舟楫以拯之。今之竞渡，是其遗迹。”从东汉开始，人们便开始对屈原进行

凭吊和纪念，普遍认为竞渡是为了拯救沉水的屈原。这位中国文学史上第一位留下名字的大诗人，凭着《离骚》《天问》等杰出诗篇，享有盛名。他的出现，标志着中国诗歌进入了一个由集体歌唱到个人独唱的新时代。他是“楚辞”的创立者和代表作者，也开创了“香草美人”的传统。在政治上，屈原也颇有作为。他出身于贵族，曾任三间大夫、左徒，兼管内政外交大事。他主张对内举贤能，修明法度，对外力主联齐抗秦。后因遭贵族排挤，被流放沅湘流域。这是精英阶层认可的屈原形象。在南方的民间，屈原的形象已经逐渐神化了。他投水而死，被民间视为水神。晋代王嘉的《拾遗记》卷十云：“屈原以忠见斥，隐于沅湘，披蓁茹草，混同禽兽，不交世务，采柏实以合桂膏，用养心神，被王逼逐，乃赴清冷之水。楚人思慕，谓之水仙。其神游于天河，精灵时降湘浦。楚人为之立祠，汉末犹在。”宋代李玫的《纂异记》有一篇《蒋琛》，将屈原描写为一个水神的形象，主管汨罗江，是湘水王的副使。《三教源流搜神大全》中将屈原封为江渎神，“江渎楚屈原大夫也”。五月五日被视为“恶日”，人们饮雄黄酒、挂艾蒲等是为了禳灾。在这日祭祀屈原，也有将屈原视为瘟疫保护神的意思。清同治六年刻本的《大冶县志》在“岁时民俗”中记载：“五月五日，插蒲与艾，观竞渡之戏……十八日为龙舟之会。自四月即染纸造龙舟，长丈余，中像三闾大夫，冠、服、器用，绮绣、银锡，余亦尽饰。先期一日，罗列珍玩，远人来观，比屋衢饮，欢呼达旦，东西二舟，糜费各百余金。至期，迎至青龙堤火之，谓为送瘟。”

船头二船工，一人鸣锣，一人摇橹。舱内七人，武将二人在前，隔着一张摆着笔墨纸砚的桌案，身着红袍的屈原正坐在桌前办公。他的身边和身后分别有两位童子和两位文官。船舱上方一掌舵的船工正在闲坐。船的前方，一只巨大的螃蟹正要跃出水面。

位于“屈原神舡”下方的龙舟，船身为靛蓝色，以白色线条勾画出龙鳞。红色的龙蛇翘起，与龙尾相呼应。上面共计27人。龙头上站立一人，将船桨扛于肩上，左手放在口旁，似乎在吹口哨。离他最近的两位船员坐在船边，也停止划船，将船桨举起。左边也有两位船员放下

手中的船桨，在摆弄乐器，一位吹笛，一位击铙钹。从装束上看，其他几位鸣锣、击鼓、舞令旗及高举书有“二郎龙舡”红底金字旗者，也都是船员，而非专门的乐舞表演者。艄公须发皆白，一边手舞足蹈一边摇橹。坐在最后端华盖下着红袍者，应该为二郎。二郎神的来历有很多种说法，一种认为，他本名杨戬，又称二郎显圣真君、灌口二郎、二郎真君、清源妙道真君等。他是玉皇大帝的外甥，也是梅山七怪之一。民间信仰中，认为他是一位与水利、农耕、防止水灾有关的神，甚至是水神。长江流域一带的民间，二郎神崇拜十分兴盛，凡驱傩逐疫、降妖镇宅、整治水患、节令赛会等各种民俗行为，都要恭请二郎神。二郎神通

常为一俊俏青年将军形象，头戴三山飞凤帽，腰挎弹弓，手执三尖两刃枪，身边带一哮天犬。

紧跟二郎龙舟的，是一艘较小的凤船，凤头凤尾，船身以牡丹纹装饰。船上所坐八位，主要为妇人。凤头上插一面红底金字旗，只有上面的“天”字和下面的“舡”字清晰，中间的已经损毁，但是从人物装束来看，应该是“天妃神舡”。艄公须发全白，坐于船头。船舱内六人，其中三位身份较高，头戴凤冠，手捧笏板，并坐；其余三人站立，为侍女侍从。船尾摇橹的妇人，头戴仿凤头冠。

凤船后面的龙舟在画面中只画出一半，共5人。龙头上站立一人，

双手横握长竿。随后一人也是如此。另一握竹竿者，则在奋力撑船。边上举红底金字旗者，侧身而立，但旗号上的文字已经无法辨认。

位于二郎龙舟下方的龙舟，船身为金色，形制与二郎龙舟差不多。船上的各色人物跟二郎龙舟上的一样，也是27位，但是穿戴有所不同。前者头戴幞头，后者头戴大帽。船头一人举船桨指挥，其余船员奋力划船。船中一人高举红底金字旗，上书“集福龙舡”；另一人则反身向船尾奔跑，举两面旗，分别书写“集福”和“禳灾”。敲锣者、击鼓者等动作幅度都很大，场面异常热烈。艄公须发皆白，左手摇橹，右手举蒲扇。船尾一人赤裸上身，做倒立状，两脚朝天，每脚各夹有一面令旗。

二郎龙舟和集福龙舟牵头，龙王手捧笏板，站在一只大神龟上面。身后两位夜叉，一位双手捧珍宝，一位高举红底金字旗，上书“龙宫迎接”。

集福龙舟的后面，是“五谷神舡”，上有五人。船头一人划桨，船尾一人摇橹。船舱中有五个竹筐，堆满谷物。边上坐着三人，穿戴各不同，当为谷神。中间脖子上披着树叶的，应是神农。其余二人待考。汉族民间供奉的“五谷”像多为神农氏，传说他曾因教人种五谷（指“稻、黍、稷、麦、菽”五种粮食作物，后延伸为粮食的代称），被称为五谷爷。也有些地方将五谷神当成女性祭祀。另一说，五谷神就是五仙人，主要在广州地区流行。当年有五位仙人，手持谷穗，一茎六出，坐

着五头毛色各不相同的羊来到人间。谷穗留下，养育万民。五羊化为石头，五位仙人飞升而去。后人于是在此地修祠纪念，称其为“五谷神”。

“五谷神舡”下方的小船也并未全部画出，且有破损，隐约可以辨出三个人物形象。从船上装载的物品看，应该是六畜神船。船头的笼子里装的是鸡，船舱中则有牛、马、羊、猪、犬。

紧靠岸边的三艘小船，前后相续。排在前面的船上共计12人。船头有红底金字旗，上书“拾庙神舡”。船头船尾各有船员一人，前者正拿起铁锚，后者摇橹。船舱中坐着10位穿着各不相同的人物。十庙信仰，大概始于明代。朱元璋建立明朝以后，在南京城建庙纪念历代忠臣，包括武庙（祀关公）、功臣庙（祀明朝开国元勋徐达）、蒋王庙（祀汉代秣陵尉蒋子文）、卞壶庙（祀东晋大臣卞壶）、刘越王庙（祀南唐大将刘仁

瞻)、曹武惠王庙（祀北宋大将曹彬）、元卫国公庙（祀元末金陵死难的大臣福寿）等。今天浙江舟山地区，还有“正月初十拜十庙，正月十四走十桥”的民俗。这里的“拾庙”所代表的神灵，难以一一辨认，大概没有确切的指代。

第二艘小船也是前后各一船员，中间六人，共计8位。桌案上摆着杯盘，一边坐着三人，一边则留出三个空凳子，凳子前面各有一个杯子。一侍从手举红底金字旗，但文字模糊，上面只能看到“神舡”二字。

第三艘小船上有5人，船头有红底金字旗，上书“收瘟神舡”，可知船上五人为五瘟使者。五瘟使者又称五鬼，是汉族民间传说中的瘟神，专司瘟疫，分别为春瘟张元伯、夏瘟刘元达、秋瘟赵公明、冬瘟钟士贵、总管中瘟史文业。这五位瘟神掌握五方瘟疫，使之不得侵犯人

间，保佑人们一年四季不染瘟疫，人畜兴旺，五谷丰登，幸福安康。每年一些寺庙都会拜五鬼，祛邪避灾，以求家畜平安。传说文昌帝君曾经降服五瘟，因此，文昌也被尊为瘟祖。

画面的最下方是人间迎送，共计32人。左边是洛阳桥，桥边一童子露出一个头，正将一段红绳投入水中，逗引一只海怪。桥头凉亭的“洛阳胜境”的匾额下，一位身穿红袍的青年状元手捧笏板，恭恭敬敬地站立。蔡襄在泉州修建洛阳桥，这位青年男子应该是蔡襄，又被民间

称为“蔡状元”。蔡襄是北宋人，以书法名世，为宋四家之一。他出任福建路转运使时，主持修建了我国历史上第一座跨海大桥——泉州洛阳桥（又名万安桥）。它横跨于泉州与惠安分界的洛阳江出海口之上，是当年广东、福建通往京城的必经之路。桥长1200米，宽5米，有桥墩46座，两侧有500个石雕扶拦及28尊石狮，另有七亭九塔点缀其间，武士造像分立两端。在修建洛阳桥的时候，蔡襄利用民间智慧，采用“筏型基础”“种蛎固基法”“浮运架梁法”等技术，耗费了七年时间，创造了建桥史上的奇迹。洛阳桥建成后，给民众的生活带来了极大的便利。百姓们为了表示感激，将蔡襄和洛阳桥的故事编成民谣和戏曲，代代相传。例如，浙江宁波民谣“唱春词”中，就有《十张台子》：“第七只台子是七巧，蔡状元起造洛阳桥。皇英娘娘来作法，四海龙王连来朝。”江苏省张家港市的“河阳山歌”中，有《栀子花开》：“栀子花开心里焦，蔡状元起造洛阳桥。洛阳桥上有只观音殿，客船来往买香烧。”蔡襄与洛阳桥的历史事实，已经演变成了更加深入人心的民间故事。

阶沿下一仆从手捧香炉，单腿跪地。他们一起在迎接前方的大队人马。队伍中到达的第一个人，正在点燃类似于鞭炮的东西。他的身后有三人鸣锣，两人扛着红底金字旗，上书“国泰民安”和“风调雨顺”。接下来有一组六人的仪仗队，分别扛着佛手、收起的华盖以及“肃静”“回避”的仪仗牌。紧跟着的是八人乐队，乐器有长鸣、唢呐、腰鼓、锣、芦笙、檀板等。队伍的最后，是四位骑马的重要官员，每位官员身后分别有一位撑着华盖的侍从，他们紧随马匹步行。一位挑着行李的随从已经残损，只剩身体部分。行李只剩一半，可以看到架上有几册线装书。

民国，纸本设色，177 × 151厘米

第三幅

这件龙舟图绘制的年代较晚，时间为民国十四年（1925年）仲冬月。跟上述两件作品一样，其画面也分为天界、龙舟竞渡、人间迎送三个层次，每个层次的人物数量相差较大。与前面两幅不同，这幅作品中的天界中只有简单的几个掌管风雨雷电的人物和功曹。最右边骑着飞廉、手摇芭蕉扇的为风伯。中间手持杨柳枝的为雨师，鸟爪人身的为雷公，雷公边上的人物形象已毁，当为电母。雷公电母下方骑马的为功曹。

人物最多的是中间龙舟竞渡部分，即使左边已经毁坏，现存的人物仍旧有140人之多，大大小小的龙舟总计有20艘。从画面构图来看，可将这一层龙舟分为上、中、下、左侧四个部分。

画面右上角是这幅画中规格最高的一艘船。该船上人物最多，总共有35人。其中船头15人，其中站最前排有两人各吹一金色长锁呐，一人敲锣。中间五人，一人手持粉红底金字令旗挥舞指挥方向，一人敲锣，一人打鼓，一人吹锁呐，一人作半蹲式点炮状。后排7人，两旁各两人摇橹，中间一人跷腿坐于条凳上，身穿红色官服、佩玉带、手拿令剑发号施令，头顶牌楼上书写“都督府”。都督右边站一文官，手持圣旨，左边站一武将，手握剑柄，威风凛凛。该龙舟中间部分人物较多，总计14人。核心部分有官员、和尚共10人围坐桌前，官员手握笏板、和尚手握如意，皆神情专注地向对面小船上的另一官员行礼。后面一手捧食碟者，碟里一金罐，正冒着香气。该部分的第二层有三人，其中两人在整理顶逢，一人手拿令旗指挥。另外，一根大桅杆立于牌楼上，杆上悬挂一黄底金字的“帅”旗，两边各有两面旌旗，其中两面红底金字插于两旁，上书“皇门太保”“风调雨顺”。两面粉红底金字插于中间，上

书“国泰民安”“忠烈康王”。该龙舟的尾部人员较少，有七人，五人在下层，两人在上层。下层前面一人悬壶取水，一人观望。后首一官员端坐尾舱，两夫人站前面观看童子取水。上层一童子立于前看热闹，后面一官员手握笏板，起身向下面小船上的官员行礼。该部分下层两边各悬挂两块红底金字的板，上书“肃静”“回避”。上层前面拱形的遮阳罩两旁，各插两面旌旗，前两面红底金字，上书“十二月将”“十二年皇”。后两面绿底金字，上书“二十四气”“七十二候”。

“二十四气”是中国传统的一种用来指导农事的补充历法，根据太阳在黄道（即地球绕太阳公转的轨道）上的位置来划分。一年12个月，每个月两个节气，加起来就是二十四节气。每月有两个气，前一个气叫“节气”，分为立春、惊蛰、清明、立夏、芒种、小暑、立秋、白露、寒露、立冬、大雪和小寒；后一个气叫“中气”，分为雨水、春分、谷雨、小满、夏至、大暑、处暑、秋分、霜降、小雪、冬至和大寒。“节气”和“中气”交替出现，各历时15天，统称为“节气”。

“七十二候”是中国最早的结合天文、气象、物候知识指导农事活动的历法。五天为一候，三候为一节气，六节气为一季度，四季度为一年，一年共有七十二候。每一候均以一种物候现象作相应，叫“候应”。七十二候的起源很早，对农事活动曾起过一定作用。七十二候候应的依次变化，反映了一年中气候变化的一般情况，具体如下：

正月。小寒初候，雁北乡；二候，鹊始巢；三候，雉始鸲。大寒初候，鸡乳；二候，征鸟厉疾；三候，水泽腹坚。

二月。立春初候，东风解冻；二候，蛰虫始振；三侯，鱼陟负冰。雨水初候，獭祭鱼；二候，候雁北；三候，草木萌动。

三月。惊蛰初候，桃始华；二候，仓庚鸣；三候，鹰化为鸠。春分初候，玄鸟至；二候，雷乃发声；三候，始电。

四月。清明初候，桐始华；二候，田鼠化为鹌。牡丹华；三候，虹始见。谷雨初候，萍始生；二候，鸣鸠拂其羽；三候，戴胜降于桑。

五月。立夏初候，蝼蝈鸣；二候，蚯蚓出；三候，王瓜生。小满初候，苦菜秀；二候，靡草死；三候，麦秋至。

六月。芒种初候，螳螂生；二候，蝉始鸣；三候，反舌无声。夏至初候，鹿角解；二候，蜩始鸣；三候，半夏生。

七月。小暑初候，温风至；二候，蟋蜂居壁；三侯，鹰始挚。大暑初候，腐草为萤；二候，土润溽暑；三候，大雨行时。

八月。立秋初候，凉风至；二候，白露降；三候，寒蝉鸣。处暑初候，鹰乃祭鸟；二候，天地始肃；三候，禾乃登。

九月。白露初候，鸿雁来；二候，玄鸟归；三候，群鸟养羞。秋分初候，雷始收声；二候，蛰虫坯户；三候，水始涸。

十月。寒露初候，鸿雁来宾；二候，雀入大水为蛤；三候，菊有黄

花。霜降初候，豺乃祭兽；二候，草木黄落；三侯，蛰虫咸俯。

十一月。立冬初候，水始冻；二候，地始冻；三候，雉入大水为蜃。小雪初候，虹藏不见；二候，天气上升，地气下降。三侯，闭塞而成冬。

十二月。大雪初候，鹖鴠不鸣；二候，虎始交；三候，荔挺出。冬至初候，蚯蚓结；二候，麋角解；三侯，水泉动。

大船的尾部，立一兵器架，上插两把大刀、两杆长枪、两卷旗子。

第二部分为八艘船，其中六艘稍大，并排处于上方，两艘偏小，一前一后处于下方靠后的位置，总计人物有43人。

第一排第一艘船头竖一桅杆，上挂着“北差神舟”的旗帜。船上四人，前面两人划桨，船中坐一官员模样者，手中轻摇折扇，身后一位童子拎锣在敲。

第二艘船头上面挂一黄色旌旗。上书“采莲神舟”。船上四人，一官员手摇折扇坐于船头，船舱里，一名小童手拿一枝荷花递给夫人，船尾一妇人在摇橹。

这一排最后一艘船上有3人，船头一人双手抓住上面最大的船上垂下的铁索，力图使小船平衡。中间一官员手握笏板，正在向大船上的一众人等行礼，船舱里面放满了雄黄酒，船尾一人在划桨。

第二排第一艘船的船头竖一桅杆，上挂一红底旌旗，上书“洛阳迎接”。船上共有七人，其中一人手摇折扇坐于船头，五人坐于船舱。其中三人摇扇，一人双手拢于袍袖内，船尾一妇人在摇橹。

中间一艘船头竖一桅杆，上挂一黄底旌旗，上书“收瘟摄毒”。船上共有8人，其中船舱坐七人，六人分别装扮成六畜形象，为马、牛、羊、鸡、狗、猪，手中各拿着葫芦。后边一官员手拿宝剑指天，为天师。船尾一童子摇橹。

这一排的最后一艘船头竖一桅杆，上挂一粉红底旌旗，上书“十庙神舟”。船上有10人，船头一武将手举斧，跷腿而坐，表演武术动作。

船舱八名文官，有的手捧笏板，有的手摇折扇，有的在看前面武将表演，船尾一童子在摇橹。

这部分下方靠后的位置是两艘小船。前面一艘船的船头放有五个袋子，里面应是稻、黍、稷、麦、菽等五谷杂粮。船上竖一旗，红底金字，上书“五谷神舟”。上有两人，一官员模样者手拿折扇，坐于船舱，一童子在船尾摇橹。后面一艘船上共有5人，四人坐于船舱，手握笏板，作行礼状，一名童子在船尾摇橹。船尾竖一桅杆，上挂一红底金字旗，上书“四季行化神舟”六字。

第三部分有5艘船。其中两艘稍大，上下排列并居前，三艘偏小，一艘处于大船下方、两艘位于大船后方。第一艘大船船首竖一面旗，蓝底金字，上书“集福龙船”。船上共计有20人之多，船舱两边共有14人在划桨。

其中船头一人由于画面残缺，无法看清具体动作，推测当为划桨。船舱划桨的人员，有人在划桨；有人将船桨坐于船舱，正在吹笛；有人在以桨打节拍，有人在观看。船中央一武将跷腿而坐，手中握有令符发号施令。旁边一站立的童子，手扶华盖，华盖迎风飘起。后边一官员拱手而立，望向前方。接下来一站立武生手拿铜锣，兴高采烈地敲击，后面又一武生在奋力敲打大鼓，旁边一人在跟着节奏起舞，紧跟着是一人在点火放炮。一戴斗笠老翁将橹搁船上，也随着节奏跳舞、打节拍。老翁后面一赤裸上身的童子，单手倒立于舱板上，另一只手放入嘴里吹口哨，两只脚夹一根短棍，姿态优美，体现出很好的平衡感。船尾一官员跷腿坐于凳子上，右肩扛一船桨，神情专注地注视着前面的场景。

第二艘船上应有21人，船首部分残缺。船头一人站立，一手握桨，一手似在招呼其他人。接下来几个人由于画面残缺，无法辨识。船舱两边各四人划桨，一人坐在桨上休息。划桨人的中间，有一官员站立，面向前方。一武生在敲锣，另一武生在打鼓，旁边一人随着节奏跳舞，神情专注。船舱后部一人在点炮，一人把桨搁船上，抬腿屈两臂，似是在打太极。稍后一赤裸上身童子单手倒立，一手作吹口哨状，两脚趾间各夹一面红色令旗，身手矫健，动作煞是好看。一人站立于船尾，肩上扛一把船桨，既像是观看童子表演，又像是在指导童子。

大船下面的第三艘船上共有3人。船头坐一武生，手拿戒刀放于肩上，注视着船后方，舱板上还放有一笼，里面有三只鸟状动物，当为鸭鹅等家禽，只是画法较为稚拙。笼下方竖一旗杆，上挂一面黄色旗，上书“六畜兴旺”四个金色大字，船舱里面载有马、牛、羊、猪、狗。一老翁坐在舱尾手捧文书。最后是一位童子在摇橹。

此外，两艘大船后边是两艘稍小的舟。上面一艘有13人，船头一武将手拿长铁锁伸向前，似要勾住前面大船，船的外侧有六人划桨，另一侧三人划桨，船舱中间一人手拿令旗挥舞，另一人手拿红底金字旌旗，

合郡清吉 添丁進穫 耕謀順遂
富貴出壯 老幼昇平 積聚集福
大中華民國拾肆年歲在乙丑仲冬月 吉日穀旦

上书“出山神舟”。舱中最后一人手拿稻草扎成的草把，上下飞舞。下面一艘小船船头竖有一面黄色旌旗，上写“进贡神舟”四个金色大字，另有两只白色大象立于船头，船舱坐一人，手拿拐杖，船尾一人在摇橹。显然，这些是装扮成外国使者的人员。

中心龙舟竞赛的左侧，从上到下是一列小船，共计6艘。由于该部分画面残缺较大，使得许多信息无法识别，能看到的人物仅有10人。每艘船船头皆竖有一旗杆，有红旗、粉红旗、绿旗、黄旗，最上面一艘残缺。下面几艘船分别以金色书写“子丑神舟”“寅卯神舟”“辰巳神舟”“午未神舟”“申酉神舟”。船上人物动作各异，有摇扇的、摇橹的，等等，五艘小舟组成了一组生肖神舟。

首吴泰炤、祖汉、泰材、泰楷、泰桂、泰相、泰信、泰伦、祖淦、祖桃、祖满、祖淇、祖森、祖相、祖杨、义忠、义焕、义松；曾良昆、良耀、良炽、良焕，合村人等敬绘。大神龙舟满江，神船一轴永远供祀。祈保：合家清吉、添丁进粮、耕谋顺遂、畜养茁壮、老幼升平、禳灾集福。大中华民国十四年岁在乙丑仲冬月。吉日穀旦。”下面一处绘桃形，上书七行金字：“丹青福建省汀洲府上杭县人千[迁]居江西省吉安府庐陵县淳化乡，七十六都水北坊浒溪村人氏吴迈华八十老人写画神舟。民国乙丑桂月吉。”

纸本设色，清代，184×184厘米

第四幅

这件龙舟画分为为天界、龙舟竞渡及人间迎送三个部分。天界部分共5人，一人已经残缺；龙舟竞渡部分人物形象116位，龙舟10条；人间迎送部分8人。共计人物形象128位。

与第一、二、三幅不同，这件作品的天界部分人数较少，除了残缺的一人之外，能够辨识的只有3男1女4个形象。

女性身穿白色衣服，手中所捧之物较为模糊。根据前面几幅的内容来看，当为观音菩萨。三个男性形象分别穿绿、红、蓝三种不同颜色的长袍。其中，穿红色衣服的男子手捧“天官赐福”的条幅，身穿蓝色衣服的男子手捧“平安”的牌位，据此可以推测这三个男子形象为三官大帝。

在长江流域，三官造像的历史较为悠久。早在四川地区的摩崖造像中，就已经发现了许多尊三官造像。

三官大帝的信仰渊源于中国古代先民对天地水的自然崇拜。《仪礼》的《觐礼》篇称：“祭天燔柴，祭山丘陵升，祭川沉，祭地瘗。”张陵开创五斗米道后，吸收了各种民间和官方的说法。一方面，尊老子为教祖，传授《道德经》；另一方面，以天、地、水为三官，信其能通鬼神，主管病人请祷。《三国志·张鲁传》注引《典略》书中说：“书写病人姓名，说服罪之意，作三通，其一上于天，著山上，其一埋于地；其一沉于水，谓之三官手书。”另外，关于三官，不同典籍也有不同的说法。《古今图书集成·神异典》卷四六引《蠡梅集》曰三官为金、土、水三官，将其具体化为守卫天门的唐、葛、周三将军。《铸鼎余闻》记载：三官俱周幽王谏臣，号天门三将军，死后为神。《历代神仙通鉴》云三官为元始天尊以气化成，自口中吐出，即成为人间的帝王尧、舜、禹，“皆天地莫大之功，为万世君师之法”。《重增授神记》和《三教授神大全》则称：陈子祷与龙王三女自结为室，生下三个儿子，长大成人后都神通广大，法力无边，显现无穷。于是，元始天尊封老大为上元一品九气天官紫微大帝，封老二为中元二品七气地官清虚大帝，封老三

为下元三品五气水官洞阴大帝。

在道教神系中，三官神出现的时间比三清尊神还早，且神阶很高，亦称“三官大帝”“三元大帝”“三官帝君”。道教认为，天官为紫微大帝，地官为清虚大帝，水官为洞阴大帝，分别掌管天堂、地府、海洋三界。北魏时，寇谦之改革天师道，清整“三张伪法”，于是将三官与三元相结合。《古今图书集成·神异典》卷四六，《太上说玄天大圣真武本传神咒妙经注》卷一，《元始无量度人上品妙经四注》卷二，《云笈七签》卷五十六都有大量的记载。

关于三官的神职范围，不同的道书有不同的记载。如《因缘经》等所载，三官大帝的主要职责是于三元日考校人间善恶，给以罪福。《太上洞玄灵宝三元品戒功德轻重经》和《太上太玄女青三元品诫拔罪妙经》记载，三官大帝分设三宫三府三十六曹以考校世人之事。《太上洞神三元妙本福寿真经》记载：“三元帝君职任宰御，巡历考校，凡仙官真人地神天祇，水母三界万灵君臣人物善恶，悉主隶焉。”《三元品戒经》称：“上元天官隶玉清境，结青黄白三气置上元三宫……总主上真自然玉虚皇皇上帝、诸天帝王、上圣大神”；“中元二品地官者，隶上清境，结元洞混灵之气，凝极黄之精而成……总主五帝五岳诸真人，及诸地神仙已得道者”；“下元三品水官隶太清境，结风泽之气，凝晨浩之精而成……总主水帝汤谷神王、九江水府河伯神仙，水中诸大神及仙篆簿籍”。

《元始天尊说三官宝号经》一书中三官的神职范围较为笼统：

天官赐福：天官名为上元一品赐福天官，紫微大帝，隶属玉清境。天官由青黄白三气结成，总主诸天帝王。每逢正月十五日，即下人间，校定人之罪福。故称天官赐福。

地官赦罪：地官名为中元二品赦罪地官，清虚大帝，隶属上清境。地官由元洞混灵之气和极黄之精结成，总主五帝五岳诸地神仙。每逢七月十五日，即来人间，校戒罪福，为人赦罪。

水官解厄：水官名为下元三品解厄水官，洞阴大帝，隶属玉清境。水官由风泽之气和晨浩之精结成，总主水中诸大神仙。每逢十月十五日，即来人间，校戒罪福，为人消灾。

不过，总的来说，在民间，都将三官视为掌管人间祸福、天神转迁、生死轮回的神灵。明代以来，包括长江流域一带，都建有许多三官殿、三官堂、三元庵、三官庙等。每逢三元节，人们都要到庙宇祭拜三官，忏悔罪过，祈福免灾。清顾铁卿《清嘉录》卷一记载长江下游江苏地区的习俗：“遇三元日，士庶拈香，骈集于院观之有神像者。郡西七子山有三官行宫，释氏奉香火，至日，舆舫络绎，香湖尤盛。归持灯笼，上书‘三官大帝’四字，红黑相间，悬于门首，云可解厄。或有人以小杌插香供烛，一步一拜至山三官大帝者，曰拜香。”

可见，三官信仰在民间一直长盛不衰，自魏晋南北朝而兴，唐宋犹存，明清依旧炽盛。在长江流域，留下了大量的三官造像。

三官造像偶尔也有分开供奉的，如单独的天官造像、地官造像、水官造像等，但是大多数情况下都为三人一组。在同一组造型中，三官的形象大体相同。三官都为中年男子造型，脸上有须，神情威严，戴官帽，穿官袍，系玉带，双手拱于胸前，各捧一笏。有时也捧一柄如意，

或持一元宝。

画面中最大的一艘龙舟，位于右上方。龙舟全身为蓝色，上面涂上白色颜料的纹饰。船身中间处插一大旗，上书“都天府”三个大字。“都天”就是前面几幅画中的忠烈康王。这艘船上载28人，船头为乐手5人，船身中坐12位手捧笏板的文武官员。船的顶部四角分别插有旗帜，分别写着“十二年王”“十二月将”“七十二候”和“二十四气”。

左边最上端的一艘龙舟较小，上载8人。船头一人划船呐喊，船尾一人摇橹。中间坐着一个手持折扇、身穿红袍的官员，一个仆人为他撑着华盖。另外有两个仆从分别举着旗号，上面都写着“金鼓”两个字。

下方的一艘船上载3人，船头插着“开江引水”的旗帜。中间一个

武将手执大斧，真有开江引水的气势。船尾一人弯腰弓背，正在摇橹。

紧跟着的是一艘较长的龙舟，上载7人，中间所插的旗帜上书四个字，只能辨识出“三郎”两字。船头3个青壮年男子身着短装，脚穿黑靴，手中分别持有不同的器物。乐手为3个总角男童，分别在吹笛、敲鼓等。船尾身穿白色服饰的艄公正在摇橹。

接下来是一艘较长的龙舟，船身上载24人。有的在卖力地划桨，有的将船桨举起来大声助威，敲锣的、打鼓的、舞令旗的，一起上阵，非常热闹。不过，这艘龙舟上面没有旗号。

它下方的龙舟，也是24人，与其形制规格相差不大。只是船身上为蓝底白色的龙鳞纹，一人手举红色旗帜，上书“禳灾集福”四个大字。

下面是一艘“设赛神舟”，上载6人。船中坐着两个男子，一个中年，一个青年。青年男子身着红袍，怀中捧着折扇，正在接受一个头戴大帽的男子的汇报。其身边摆着四个大罐，装着糕点和酒。

“禳灾集福”舟和“设赛神舟”前方，是一个官员装扮的人物形象，他腾空在云中，手持笏板，恭恭敬敬地迎着龙舟前来的方向站立。

“六畜神船”在“天都府”大龙舟的下面。船上只有两个人，一个为身穿红服的老人，手持宝剑。另一个为摇橹的艄公。船中载有鸡、猪、马、狗、牛、羊，是为“六畜”。

六畜神船的下方是一艘凤舟，船头插一面大旗，上书“游江五

娘”。船上载有7个人物，除了婴儿性别不明之外，其余6人皆为女性。除了船尾摇橹的一位妇人外，坐着的还有5个妇人，身穿不同颜色的服装，肩上披着四合如意云肩。中间有一位抱着一个婴孩。“五娘”可能就是指这五个妇人。另外，汨罗一带的传说认为，她是轩辕皇帝的第五个女儿，受封为水神，掌管各地江湖之事。而溆浦的独脚傩戏中，称游江五娘是屈原的第五个女儿，主管水上送瘟神之事。嘉靖年间的《湖光图经志书》则载，孝女曹娥被称为“游江女娘”。这说明五娘也有可能是一个人的名号。

最下面的一艘龙舟只露出大半船身，上面插着一面旗帜，上书“来祥降福”四个大字。画面中显示船上载有7个人，实际上船尾可能还有数人。

岸边的人物较少，总共为8人。最前面的4个人手捧笏板，年龄参差不一。两个骑马的官员，分别身穿红袍和绿袍跟在后面。最后面是两个侍从，皆举旗。其中一面旗没有文字，另一面则写着“里社神祇”。

材质、年代、尺寸

第五幅

这件龙舟图像画在麻片上，也来自江西吉安。图像所描绘的内容包括龙舟竞渡和人间迎送两部分，可辨人物形象共计181个。

龙舟竞渡部分为此图像的主体，占据画面近九成面积。此部分大致由五组横向排列的船队组成，这些船皆泛游于绿波荡漾的江水之上，但形制各异，大小不一。

位于画面最上方的一组由一大一小两只船组成。大船位于画面右上角，船舱有上下两层，船身腹部以藤黄色为底，填饰折枝牡丹。船头、

船尾部分为靛蓝色，装饰绿色云气纹，船舱也饰有如意云纹及朵花纹等纹样。相较而言，此船装饰最为华丽，尺寸较大，所载之人的身份地位在此幅画面中也应最高。仔细辨之，此船上斜插一面黄色大旌旗，上书“都天”二字，船篷上也插有10面大小不一的白底红边旗帜，其中两面较大的旗子上分别书写“十二年王”和“十二月将”。由此可见，这应为都天大帝及十二年王、十二月将所乘之船。整个船体可分为船头凉亭、中部船篷和尾部船舱三个部分。都天大帝即坐于船头的凉亭之下，

凉亭上挂有一块书有“圣顺忠烈康王”的匾牌。都天大帝手持笏板端坐，正睁大眼睛看向前方，其左右两边分别立有一名官员、一名侍从。旁边有两名船工正在摇橹撑船，船头的舢板上也有三位船工，但他们都停下了手中的工作，侧身而立，手指向前方，面露惊喜之色。原来迎面而来两人，一人身着蓝袍红裙，手持“平安”符牌；一人着绿袍，右手持锤，彩色祥云环绕其周。除了这二人外，在船头的右前方另有三人也腾云驾雾而来。左边的头戴乌纱，中间的头戴佛冠，右边的披头散发，类似于真武大帝的造型，显然是分别来自儒、释、道三教的神明。位于此船中部的船篷里，以一帷幔或栏杆相隔，两边分别立有六位帝王装束之人，这即为十二年王和十二月将。他们皆手持笏板，正毕恭毕敬地向船头方向行礼。年王队伍后方有一名官员及两名侍从，另有一位年王正站在船篷顶部看向船头。船尾部的船舱中坐有两名官员，二人正在交谈，并看向舱外，似乎在讨论正在进行的龙舟竞技活。舱外有一名侍从正向后方看去，舱顶还有四名乐手正在摆弄堂鼓和铜锣等乐器。

都天大帝所乘之船的右前方有一小船，位于画面的左上角。船上插有两面旗子，旗子上分别题有四个字，但只能识出左边旗子上的首字为“令”，其他字迹已经十分模糊，难以辨识。这艘龙舟上共有8人，船中坐有两名官员，右侧官员着红衣，左手持有一件黑色物体，正与其旁的绿衣官员交谈。绿衣官员则手捧书卷，上面写有四个大字“赏苦罚怠”。另两名侍从分列官员身后，一人手持华盖，一人手倚旗杆而立。船头船尾共有三名船工正在摇船，一名乐手手持铜锣立于船头。

此外，在这组船队所处位置的左侧边缘，留有一块方形空白，其下有红色莲花基座，空白内书写有文字，但因历时长久，画面遭到损坏，大部分内容已经难以辨识。但据可辨识的内容来看，这里大致记述了此幅龙舟图像的绘制目的及供奉之人。

第二组船队由四条小船组成，位于第一组船队的下方。同样因为画面受损，最左边的小船只有船尾可见。船尾有两人，一名鼓手在前鼓乐，一名船工于后撑桨。鼓旁边的旗子书有“开江引水”四字。位于其

后的这条船上载有5人，前后还有两位船工正在摇船。船上飘扬的旗帜上写有“本坊神船”。中间一人身穿官服，手持笏板。另外4人两两分坐左右，其中三名官员，都侧首面向水坊神。第三条船上有两面旗，分别写有“进皂劝善”“八蛮进宝”，船中坐有12种兽首人身的动物，皆着人衣，为十二生肖。立于船尾的舵手已经停止了摇船，正在观看旁边的龙舟比赛。最后一条船只露出一半，可见8人。6人正在摇桨，一人手持船桨立于船头，一人身扛旗帜，旗子上的字已经辨识不清。

第三组和第四组描绘了三条龙舟。靠上的一条龙舟通体画满黄色龙鳞，头部已经模糊，仅龙口伸出的红色龙舌尚能辨析。船上共有31人，其中清晰可见船工、乐工等共29人，另有两人因遮挡只能见其船桨。龙舟头部的一名船工手握船桨而立，正在观看旁边龙舟的比赛状况，旁边的八位船工也停止了划船，皆将船桨举于手中，或看向前方，或看向

邻近的龙舟。这群船工中有一人正在端详手中的竹简，另有一人身扛旗帜，回首翘望。位于龙舟后半部分的船工正竭力划动船桨，立于其中的五名乐手也正敲鼓击钹，为船工加油鼓劲。船尾的舵手和一名船员则停止了手中的工作，似乎对胜利已经胸有成竹。位于这条龙舟后方的龙舟只可见船头的五名船员。其中一名船工手握船桨立于船头，一人手握旗子，上面写有“出山神舟”。另外3名船工正在划船。

另一条蓝色龙舟形象最为完整。船上共有28人，船头一名船工正手握船桨，指向前方，指挥着龙舟的前进。船上18名船员正在竭力摇桨划船。一名旗手、一名加油助威之人和四名乐手立于其中，旗手昂首横举书有“来祥集福神船”的旗帜，与呐喊助威之人呼应。乐手敲锣击鼓，各司其职，十分热闹。另有一花白胡须的艄公立于船尾，正在竭力撑船。其身后一人正倒立于船尾的大鼓之上，伴随鼓乐进行表演。

蓝色龙舟的前方依稀可见另一条小船的船尾。船尾共有4人，包括两名船工、一名贵妇人装扮的女性、一名男性文官。船工手持船桨侧身而立。女性着红袍，男性着绿袍，皆手持笏板。男性转身，面向身后的龙舟。

临近岸边有三条小船，位于画面左边的船上插有一面红幡和一面写有“设宴”二字的旗帜。此船载有5人，皆围绕船篷下的案桌而坐。着黄袍之人位于正中，两名手持团扇的官员坐于其左右两侧。案桌两头各坐一着红袍官员。船篷顶部摆放三盘祭品或食物。船头和船尾分别有一名船工和舵手，正在撑船和掌舵。第二条小船的船尾插有一面书有“六畜大王”的旗帜，船中载有六畜和一男一女两名侍从，侍女正在给六畜

喂食，男侍则坐于船尾。船头的船工正在划桨，船尾的舵手也在转舵。第三条船为一凤舟，舟有红顶绿帷的船篷，篷内坐有五名女性，五人皆围坐于案桌旁边。船头和船尾共有两名船工、一名舵手，正在合力撑船前行。船上插有两面旗帜，分别写有“姊妹神船”和“游江五娘”。这五位女性正是游江五娘。游江五娘为屈原之女。传说屈原有五个女儿，在今湖南溆浦的巫傩表演中有关于游江五娘的古老唱词，根据唱词中的说法，屈原当年被流放至溆浦时，曾有五个女儿跟随，“长女住在菊花园，二女住在桃花园，三女住在梅李地，四女学道去登山，只有五女身材小，江边立庙摇花船。”当地有在端午节扎纸花船送瘟神的祭典活动，活动中要用红纸写上“屈原相公游江五娘之神位”置于纸船中，由

巫师跳傩舞，并燃鞭炮、鸣锣鼓，请下五娘，然后将纸船及五娘的神位一起焚烧，意在请屈五娘将瘟神送走。祭祀五娘的习俗在湖南部分地方一直保留至今，“游江五娘”俨然已经成为当地民众心中的保护神。

画面底部描绘了岸上的送行队伍。送行队伍中共有25人，乐队开路在前，送行官员在后。乐队有9名乐手，分持铜锣、唢呐、腰鼓等不同乐器。一黄袍铜锣乐手身扛红色大旗在乐队最前方领队，紧随其后的8位乐手皆边走边演奏，形态不一而足。另有两名抗旗之人紧随乐队后。送行官员的队伍中，共有7名着官服之人，每人带有一位侍从。前5名官员及其侍从皆以马代步，后两名官员及其侍从则徒步徐行，紧随其后。每位侍从手擎旌旗，旗上写有旗号，但旗号模糊，无法识读，难以辨其身份，但每位官员的衣着、形态各有所异。骑马的5名官员中，位于最前方的官员着红袍，手持一柄宝剑；第二名官员同样身穿红袍，但手持

宝瓶；第三名则着绿袍红裙，双手呈作揖状；第四名红袍官员则手持马缰；第五名官员双手置于衣袖之中，正襟危坐。步行的两名官员呈躬身施礼状，似在交谈。

整个送行队伍在乐队的带领下正向前方的小桥走去，领队的黄袍扛旗之人已经到达桥边，正仰头与桥上两位侍女交谈。两位侍女一着绿袍，一着黄袍。绿袍侍女手托一盘，盘中放有一物，但形象难辨。黄袍侍女手捧一件白色执壶，侧首望向送行队伍。

画面左下角位于桥面左上方的位置有一红顶黄帷之物，或为江中小船的篷顶，或为岸上凉亭类建筑物的顶部，但因画面损坏，难以确认。

纸本设色，清代，184×184厘米

第六幅

该画面形制较小，与以上三幅不同，似乎为一系列作品中的一幅。画面中最上方的三位形象，根据画面主题推测，应该为掌管地府的神灵。按照装束打扮可以看出，中间为阎罗王，左边为酆都大帝、右边为地藏王菩萨。三神头上皆有光环，环中有圆圈线代表光晕，曲线代表了灵魂符。

阎罗王头戴冕冠，长方形白脸，怒目圆睁。眉毛、嘴唇与胡须（络腮胡）一样，同为红色，体现出他的神秘感。正襟危坐，双手握白色笏板，透出一股威严，令人望而生畏。身穿青色冕服，衣衽、衣裳底边缘、袖口处、蔽膝边缘等皆为黑底，上饰有如意纹，丝绦与丝履外翘部分为红色。整个形象透出一股震慑人的气魄，使人产生出敬畏感。阎罗王又称阎王，或称为死王，是冥界十殿阎君（即秦广王、楚江王、宋帝王、五官王、阎罗王、卞城王、泰山王、都市王、平等王、转轮王）的第五殿之主。佛教认为阎王是来自地狱的魔王，是鬼世界的审判主、诸鬼中的大王。由于阎罗王是以对阴间诸神生前行为并给予惩罚，铁面无私、赏罚分明，所以百姓也将阎罗王视为替冥界主持正义、惩罚罪恶的象征。

左边站立者为酆都大帝。酆都大帝手握笏板，面向阎罗王而立。白脸、黑须、红唇，凝神庄重。头戴黑色幞头，帽檐口为红色，身穿青色道袍，衣衽与袖口呈黑色，上有灵魂符作装饰。脚穿黑色道鞋，脚踏祥云，一派虔诚之色。酆都大帝又称酆都北阴大帝、北太帝君，乃道教尊神，地府冥界之最高神灵，主管冥司。宋代开始，以今四川的酆都县为其治所，酆都又被称为鬼城。民间一般只是在亲属亡故后超度亡魂时，才奉祀酆都大帝。也有人在生前为自己预修黄箓道场关告酆都大帝，祈求健康长寿。

右边站立者为地藏王菩萨。他白面红唇，目光和蔼，显得甚为亲切。双手合十并面向阎罗王站立，神情状态显得尤为虔诚。和酆都大帝一样，身穿青色袍服，衣襟与袖口处为黑色，上绣灵魂符，脚穿黑色道鞋。地藏王菩萨即地藏菩萨。地藏菩萨在久远劫以来就不断发愿要救度一切罪苦众生，尤其是地狱众生。他因“幽冥教主”的身份被民众与神秘的死后世界联系起来，从而得到了普遍的崇敬与膜拜，在民众的信仰生活中扮演了重要的角色。地藏菩萨通常以僧人打扮，手拄禅杖。

人间部分分为两层，上层为五个鬼神形象，其中两个为黑白无常。黑无常脸呈黑色，白无常为白色，二者嘴唇皆为红色，头发为黑色，绑成一束，黑无常面目狰狞，白无常慈善。其余三个皆为龙头，位于上方的龙头头发为白色，白脸。下方的两个中一个为红色头发、金色脸；一个为金色头发、浅金色脸、红色胡须。二者眉毛、嘴唇皆为红色。五位神祇头下皆托有黑色的似火的形象在飘动，又似会飞的翅膀，一起随着下方船上的人群往前飞。

人间部分的下层为两艘船，其中一艘船为龙首龙尾，船体狭长，依龙细长的身体特征而制，船身颜色呈土黄色。龙头张开血盆大口，伸出血红舌头，暴眼环突，触角和火焰皮毛为白色，触须黑色浓密，向后飘动，肚底一层红色鳞，龙身、龙尾为青色，中间为船身。船上有7人，由温元帅统领6位童子。最前一位童子坐在龙角上，手拿双枪，似是奋力赶龙之势；其后一名童子手拿长锁呐，正低头吹奏；身后一名童子手举双棍，在奋力敲击鼓面；该童子身后一根大的桅杆竖立，上面悬挂旌

旗，迎风飘扬，旗上绘有一太阳，似是吸取日月精华。桅杆后为该船的领头神温元帅，他头顶金色鬘光环，头戴平式幞头帽，脸呈红色，浓眉大眼，须发浓密；身穿深绿战袍、青色铠甲，披黑色披帛；手拿食物，曲腿而作势前倾。温元帅身后是3位童子，前两位在奋力划桨，最后一位手拿铜锣在敲击，其身后龙尾鳍上翘，片片龙鳞熠熠生辉。

另外一艘为凤船。凤嘴微张，双眼圆睁，凤冠赤红，头上、身上星星点点，凤羽迎风飘起。凤头昂首挺立，丝毫不畏前面之险境。凤船呈扁长形，两头椭圆微尖。船体装饰许多小孔，露出水面船体部分呈土黄色，下面吃水部分为白色。船上设一船舱，上盖青色帷幔。船上共有7人，2男5女。船头两妇人一边划桨，一边聊得正酣。舱中有一男一女，男人正撩开帷幔，手中折扇未曾打开。妇人正展开扇子为其扇风，能看出两个人的感情至真。船尾3人，两名妇人划桨，一名童子正奋力敲鼓。整个场面气氛热烈，一派祥和景象。

画面左下方，一条张开血盆大口的龙，露出上下两排白色的牙齿，四颗大獠牙清晰可见，尖锐无比；吐着猩红的舌头；两根触角向下飘动，两根向上竖起；瞪着滚圆大眼（花形眼眶血红）；头上毛发根根竖起，让人望而生畏。

从该幅水陆画中天神的神态、人间鬼神和人物轻松愉快的表情、和谐的气氛来看，表现的是节日之时上天委派诸神和人间民众一起，敲锣打鼓、喜气洋洋去迎接龙王，以祈求来年风调雨顺、五谷丰登的场景，表达了人们向上天诸神祈福以求护佑的强烈愿望。

该画整体构图紧凑中不失疏朗，如天上三神排列紧密，下方人间与诸神排列则显宽松，统一中不失变化，天上静、人间动，静中有动、动中有静。画面整体色调偏青色，局部虽施以朱砂红、黑、墨绿、土黄作点缀，但并没有破坏整体基调，所以色调统一，烘托出宗教的神秘性。整个画面从构图到色彩的互相配合，以及人与神、人与物之间的相互穿插，使协调关系达到了高度的统一。

附录：端午资料汇编

端午文化，源远流长，历史悠久，史料丰富。我们搜集的端午史料涉及正史、野史、杂记、笔记、小说、传说、志怪、饮食、药典、方志、风俗、别集、总集、诗词、佛典等数十种之多，在此尽可能选录史料的原始出处，尽量避免转引，并且按照朝代的先后顺序编录。共将端午资料分三部分：第一，端午事略；第二，方志资料；第三，端午艺文。

一、端午事略

西汉陆贾《新语》云：五月五日，集五彩缯，谓之辟兵缯。章简公作皇帝阁端午帖子云：金缕臂缯长，冰丝酒面香。又帖子云：茧彩初成长命缕，珠囊仍带辟兵缯。子由作皇帝阁端午帖子云：饮食祈君千万寿，良辰更上辟兵缯。

汉蔡邕《琴操》云：介子绥割其腓股，以啖重耳。重耳复国，子绥独无所得。绥甚怨恨，乃作龙蛇之歌，以感之。遂遁入山。文公惊悟迎之，终不肯出。文公令燔山求之，子绥遂抱木而焚死。文公令民，五月

五日，不得发火。

东汉应劭《风俗通义》云：五月五日，以五彩丝系臂者，辟鬼及兵，令人不病瘟。又曰：亦因屈原，一名长命缕，一名续命缕，一名辟兵缯，一名五色缕，一名五色丝，一名朱索，又有条脱等。织组杂物，以相遗赠，东坡词云：彩线轻缠红玉臂。又王晋卿端午词云：合彩丝对缠玉腕。又云：斗巧尽输年少，玉腕彩丝双结。

又云：五月五日，作续命缕，俗说以益人命。欧阳公诗云：绣茧夸新巧，萦丝喜续年。又云：更以亲蚕尔，认为续命丝。章简公端午阁帖子云：清晓会披香，朱丝续命长。一丝增一岁，万缕献君王。

又云：五月五日，集五色缯辟兵，余问服君曰：青黄赤白，以为四方，黄为中央，襞方缀于胸前，以示妇人蚕功也。织麦绢悬于门，以示农工也。转声以襞为辟兵耳。

曹魏嵇康《养生论》曰：五月五日，宜合截疟鬼哭丹，用上好白砒五钱，研细入铁铫内，以寒水石一两为末，围定。然后以磁碗盖定，用湿纸作条，封碗合缝，炭火炙铫，烟出燻纸条黄色，即上取放纸上，置泥地，出火炁一时，取研为细末，入冰片一分，麝香一分，共研蒸饼为丸，桐子大，硃砂为衣，每服一丸。临蒸日，神前香炉上燻过，朝北，井花水吞下。忌食鱼面生冷10日，永不再发。合时不令妇女孝服人见，妇人有病，令丈夫捻入口中，吞下立效，又不泄泻，真妙剂也。

《魏书·崔辩传》载：辩孙巨伦，葛荣闻其才名，欲用为黄门侍郎。巨伦心恶之。至五月五日，会集官寮，令巨伦赋诗。巨伦乃曰：五月五日时，天气已大热。狗便呀欲死，牛复吐出舌。以此自晦，获免。

南朝宋刘义庆《世说新语》曰：周时，楚屈原以忠被谗，见疏于怀王，遂投汨罗以死，后人吊之，因以五色丝系角条，于节日投江以祭之。

西晋周处《风土记》云：仲夏端午……先节一日，以菰叶裹黏米，以栗枣灰汁煮令熟，节日啖，煮肥龟令极熟，去骨和盐豉蒜蓼，名曰“俎龟黏米”，一名“粽”，一名“角黍”，盖取阴阳包裹未散之象也。龟，骨表肉里，阴内阳外之形，所以赞时也。又云：端午烹鹜，先节一日，以菰叶裹黏米，用栗枣灰汁煮令极熟，节日啖之，盖取阴阳包裹未分之象也。本草云：菰又谓之茭白菰。欧阳诗云：香菰黏米煮佳茗，古俗相传岂足矜？

东晋葛洪《抱朴子》曰：五日，朱书赤灵符着心前，辟兵祛瘟，去百病。此即治百病符也。《博济方》云：五日午时，或腊月三十日，取猪心血同黄丹乳香，相和为丸，鸡豆大，以红绢盛，挂门上。如有产妇子死腹中者，令酒磨一丸，即下。

又云：或问辟兵之道，答曰：以五月五日作赤灵符着心前。王沂公端午夫人阁帖子云：欲谢君恩却无语，心前笑指赤灵符。又帖子云：如何金殿里，犹献辟兵符。章简公帖子云：自有百神长侍卫，不应额备赤

灵符。欧阳公诗云：君恩多感旧，谁献辟兵符。又端午词云：五兵消以德，何用赤灵符。

又云：或问：魏武帝曾收左元放而桎梏之，而得自然解脱，以何法乎。抱朴子曰：吾不能正知左君所施用之事，然历览诸方书，有以五月五日石上龙子，单衣涂之自解。然左君之变化无方，未必由此也。自用六甲变化，其真形不可得执也。习凿齿与褚常侍书，想往日与足下及江州五月五日共澡浴处。追寻宿眷髣髴玉仪，心实悲矣。

晋代虞预《会稽典录》云：女子曹娥者，会稽上虞人。父能弦歌为巫。汉安帝二年五月五日，于县江泝涛迎波神，溺死，不得尸骸。娥年十四，乃缘江号哭，昼夜不绝声，七日遂投江而死。

南朝宋范晔《后汉书》载：陈临为苍梧太守，推诚而治，道人以孝悌，临征去后，本郡以五月五日祠临东门城上，令小儿洁服舞之，魏收五日诗云：因想苍梧郡，兹日祀陈君。

南朝宋范晔《续汉书》云：刘昭曰：桃印本汉朝以止恶气，今世端午以彩缯篆符，而相问遗，亦以置帐屏之间。魏收诗云：辟兵书鬼字，神印题灵文。章简公端午帖子云：桃印敞金扉，鸣环茧馆归。又云：玉轸薰风细，朱符彩缕长。又云：赤符神印穿金缕，团扇鲛绡画凤文。

南朝齐卞彬《禽兽决录》云：悬门艾虎，鼻门上宜官，子孙带印绶悬虎鼻门中，周一年取烧作屑，与妇饮之，二月中便有儿生贵子，勿令人知之，泄则不验也。亦勿令妇见之。

南朝梁宗懔《荆楚岁时记》云：“按五月五日竞渡，俗为屈原投汨罗日，伤其死所故，并命舟楫以拯之。舸舟取其轻利谓之飞凫，一自以为水车，一自以为水马。州将及土人悉临水而观之，盖蓋越人以舟为车，以楫为马也。邯郸淳《曹娥碑》云：五月五日，时迎伍君逆涛而上，为水所淹。斯又东吴之俗事在子胥，不关屈平也。《越地传》云：起于越王勾践，不可详矣。是日竞采杂药，《夏小正》云：此月蓄药，以蠲除毒气。”

又云：五月五日谓之浴兰节。四民并蹋百草，又有斗百草之戏。采艾以为人，悬门户上，以禳毒气，以菖蒲或镂或屑以泛酒。按《大戴礼》曰：五月五日蓄兰为沐浴。《楚辞》曰：浴兰汤兮沐芳华。今谓之浴兰节，又谓之端午。蹋百草，即今人有斗百草之戏也。宗则，字文度，常以五月五日鸡未鸣时，采艾见似人处，揽而取之用灸，有验。师旷占曰：岁多病，则病草先生艾是也。今人以艾为虎形，或剪彩为小虎，粘艾叶以戴之。

又云：楚人端午采艾结为人，悬门户上，以禳毒气。王沂公端午帖子云：仙艾垂门绿，魂丝绕户长。

又云：百灵扶绣户，不假艾为人。章简公帖子云：双人翠艾悬朱户，九节丹蒲泛玉觞。

又云：艾叶成人后，榴花结子初。

又云：宗士炳之孙则，字文度，常以五月五日鸡未鸣时，采艾，见似人处，揽而取之，用灸有验。

又云：五月五日竞渡，俗为屈原投汨罗，人伤其死所，并命舟楫以拯之，至今为俗。又越地传云，竞渡起于越王勾践。盖断发文身之俗，习水而好战者也。刘梦得竞渡曲云：沅江五月平堤流，邑人相将浮彩舟。灵均何年歌已矣，哀谣振楫从此起。欧阳公诗云：楚俗传筒粽，江人喜竞船。东坡诗云：遗风成竞渡，哀叫楚山猿。又古诗云：湘江英魂在何处？犹教终日竞龙舟。

又云：南方竞渡者，治其舟使轻利，谓之飞凫，又曰水车，又曰水马，州将及土人悉临水而观之。盖越人以舟为车，以楫为马，古诗云：兰汤备浴传荆俗，水马浮江吊屈魂。又章简公端午帖子云：丝竹渐高铙鼓急，云津亭下竞凫车。

又云：五日事考。五月五日，四民并蹋百草，又有斗百草之戏。采艾以为人，悬门户上，以禳毒气。（按宗测字：文度尝以五月五日，鸡未鸣时，采艾，见似人处，揽而取之，用灸有验。《师旷占》曰：岁多病，则艾先生。）是日竞渡，采杂药。（按：五月五日竞渡，俗为屈原投汨罗日，伤其死，故并命舟楫以拯之。舸舟取其轻利，谓之飞凫。一自以为水军，一自以为水马。州将及土人，悉临水而观之。邯郸淳曹娥碑云：五月五日时，迎伍君，逆涛而上，为水所淹。斯又东吴之俗，事在子胥，不关屈平也。《越地传》云：起于越王勾践，不可详矣。是日竞采杂药。《夏小正》：此月蓄药，以蠲除毒气。）以五彩丝系臂，名曰辟兵，令人不病瘟。又有条达等织组杂物，以相赠遗。兽之状，文绣金缕，贡献所尊，一名长命缕，一名续命缕，一名辟兵缯，一名五色丝，一名朱索，名拟甚多。青赤白黑以为四方，黄为中央，襞方缀于胸前，以示妇人计功也。

南朝梁吴均《续齐谐记》云："楚大夫屈原遭谗不用，是日投汨罗江死，楚人哀之，乃以舟楫拯救。端阳竞渡，乃遗俗也。"又云："屈原五月五日投汨罗水，楚人哀之。至此日，以竹筒子贮米，投水以祭之。汉建武中，长沙区曲，忽见一士人，自云三闾大夫。谓曲曰：闻君当见祭，甚善。常年为蛟龙所窃，今若有惠，当以楝叶塞其上，以彩丝缠之。此二物，蛟龙所惮。曲依其言。今五月五日作粽，并带楝叶五花丝，遗风也。"

南朝陈代沙门智匠编《古今乐录》云：十月节折杨柳歌，其五月云：菰生四五尺，作得九子粽，思想劳欢手。王沂公端午帖子云：争传九子粽，皇祚续千春。又章简公端午帖子云：九子黏筒玉粽香，五丝萦臂宝符光。

北魏贾思勰《齐民要术》云：五日合药。五月五日，合止痢，黄连

丸，霍乱丸，采葸耳，取蟾蜍及东行蝼蛄。（注：葸耳蟾蜍，可合血，疽疮药。蝼蛄有刺，治去刺，疗产妇难生，衣不出。）

北齐颜之推《还冤记》云：河间国兵张鹿、经旷二人，相与谐善。晋太元十四年五月五日，共升锺岭，坐于山，椒鹿酗酒，失性，拔刀斩旷。旷母尔夕梦旷自说为鹿所杀，杀尸涧中，脱裤覆腹，寻觅之时，必难可得，当令裳飞起，以示处也。明晨追捕，一如所言。

《北齐书·南阳王绰传》：绰字仁通，武成长子也。以五月五日辰时生，至午时，后主乃生。武成以绰母李夫人非正嫡，故贬为第二。河清三年，封南阳。韩长鸾令绰亲信诬告其反。后主使何猥萨搕与之手搏，扼而杀之，瘗于兴圣佛寺。经四百余日，乃大敛颜色，毛发皆如生。俗云五月五日生者，脑不坏。

唐张说《镜龙记》云：唐天宝三载，扬州进水心镜一面，纵横九寸，青莹耀目，背有盘龙。进镜官李守泰曰：铸镜时，有老人自称姓龙名护，谓镜匠吕晖曰：老人解造真龙镜。遂入炉所，扃户，三日后开户，失所在。炉前获一素书。云：盘龙盘龙，隐于镜中，分时有象，变化无穷，兴云吐雾，行雨生风。吕晖遂移炉于扬子江心，以五月五日午时铸之。帝诏有司掌此镜。七载，大旱，召叶法善祠镜龙，忽龙口有白气，须臾满殿甘雨如澍。

唐孙思邈《千金方》曰：五日取葵子，微妙为末。患淋者，食前温酒服一钱，立愈。

又云：五日，日未出时，取东向桃枝，刻作小人形，着衣领中，令人不忘。

又云：取鲤鱼枕骨烧灰，治久痢。如神。高子曰：五月五日，午时，修合药饵者，以天罡，此时正塞鬼户，《斗柄诀》以月月尝加戌，五月，每日戌时，天罡指午，亥时指未，自未轮转，五日午时，正指艮宫，为鬼户也。故用此时合药，甚效，又为天中之节。

又云：五月五日取艾，七月七日未出时，取麻花等分合捣作炷，灸诸瘘，百壮即差。

唐孙思邈《千金月令》曰：五日，取瓦上青苔，或百草霜，入盐漱口，效。或水煮羊蹄根，或醋煮川椒，俱能治齿百疾。《本草图经》曰：五月五日，饮菖蒲雄黄酒，辟除百疾，而禁百虫。

唐李冗《独异志》曰：晋桓豁镇荆州，有一参军，五月五日采鸲鹆，剪其舌，令学人语，经年遂能言。后因大会，豁出之，令遍学座客话。有一人患齆鼻，鸲乃遽入瓮中，语与患者无异，举席皆笑。

又《独异志》云：隋朝徐德言妻陈氏，叔宝妹，因惧乱不能相保。德言乃破一镜分之，以为他年不知存亡，但端午日，各持其半镜于市内卖之，以图相会。至期适市，果有一破镜。德言乃题其背曰镜与人俱在，镜归人不归。无复嫦娥影，空余半月辉。时陈氏为杨素所爱，见之

乃命德言对饮，三人环坐。令陈氏赋诗一章，即还之。陈氏诗曰：今日何迁次，新官对旧官。笑啼俱不敢，方验作人难。素感之，乃还德言。

唐卢肇《逸史》云：王播少贫贱，居扬州，无人知识，唯一军将常接引供给，无不罄尽。杜仆射亚领盐铁在淮南端午日，盛为竞渡之戏，诸州征异乐，两县争胜负，彩楼看棚，照耀江水，数十年以来，未之有也。凡扬州之客，无贤不肖，尽得预焉，唯王公不招，惆怅自责，军将曰：某有棚一座，子弟悉在彼，但于棚内看，却胜居盘筵间也。王公曰：唯。遂往棚。时夏初日方热，军将令送酒一榼。曰："此是好，适令求得。"王公方愤懑，自酌将尽，棚中日色转热，酒酣昏惫，遂就枕，才睡，梦身在宴处，居杜之坐，判官在下，良久惊觉，亦不敢言于人，后为宰相，将除淮南盐铁使，敕久未下，因召旧从事语之曰：某淮南盐铁使定矣，数日果除到，乃符昔年之梦，时五月上旬也。

唐丁用晦《芝田录》云：重五赐宋璟钟乳，璟命付医合炼。儿侄曰：上赐必珍，付其家必欺换，不如就宅修制。璟曰：持诚示信，尚惧见猜？示人以不信？其可得乎？尔勿以此待之。

唐陈翰《异闻集》云：唐天宝中，扬州进水心镜一面，清莹耀日，北有盘龙，势如飞动。玄宗览而异之。进镜官扬州参军李守泰白：铸镜时，有老人自称姓龙，名护。鬓须皓白，眉垂肩，衣白衣，有小童衣黑衣。呼为玄冥，至镜所，谓镜匠吕晖曰：老人解造真龙镜，为汝铸之，将惬帝意，遂令玄冥入镜所。扃户三日，户开，吕晖等搜觅，已失龙护及玄冥所在。炉前获素书一纸云：开元皇帝圣通神灵，吾遂降祉，斯镜可辟众邪，鉴万物，秦皇之镜，无以加焉。歌曰：盘龙盘龙，隐于镜中，分野有象，变化无穷，兴云吐雾，行雨兴风。上清仙子，来献圣聪。吕晖等移炉，以五月五日于扬子江心铸之，后大旱不雨。叶法善祠镜龙于凝阴殿。须臾，云气满殿，甘雨大澍。

唐刘恂《岭表录异记》云：蚺蛇胆，普安州有养蛇户。每年五月五日，即担蚺蛇入府，祗候取胆。余曾亲见，皆于大笼中借以软草盘屈其上。两人舁一条在地上。即以十数拐子，从头翻其身，旋以拐子按之，不得转侧。即于腹上约其尺寸，用利刃决之，肝胆突出，即割下其胆，皆如鸭子大。曝干，以备上贡。却合内肝，以线合其疮口。却收入笼，或云舁归放川泽。

唐戴孚《广异记》云：赵州卢参军，其妻甚美，罢官还都，五月五日，妻欲之市求续命物上舅姑，车已临门，忽暴心痛，食顷而卒。卢往见正议大夫明崇俨，扣门甚急。崇俨惊曰：端午日款关而厉，是必有急，遂趋而出，卢乃拜以闻。崇俨云：此泰山三郎所为，遂书三符以授卢还家可速烧第一符，如人行十里许不活，更烧其次，若又不活，更烧第三符，横死必当复生，不来必死矣。卢还家如言烧符，其妻遂活，顷之能言。云：初被车载至太山顶，别有宫室，见一少年，云是三郎，侍

婢十余人，拥入别室，待妆甫毕，三郎在堂前伺候，方拟宴会，有顷，闻人款门。云：上隶功曹奉都使处分，问三郎何以取卢家妇，宜即遣还。三郎怒呵功曹令去。须臾，又闻款门云：是值符使者都使令取卢夫人，又不听，寻有疾风吹黑云从山顶来，二使唱言，太乙值符至矣。三郎有惧色，忽卷宅高百余丈放之。人物糜碎，唯卢妻获存。二使送还至家。见身卧床上，意甚凄怅，被人推入形遂活。

又云：唐贺兰进明，为狐所婚，每到时节，狐新妇恒至起居，兼持贺遗，及问信家人，或有见者，状貌甚美。至五月五日，自进明已下至其仆隶，皆有续命。家人以为不祥，多焚其物。狐悲泣云：此并真物，奈何焚之。其后所得遂以充用。后家人有就求漆背金花镜者，入人家偷镜挂项，缘墙行，为主人家击杀，自尔怪绝焉。唐宋州刺史王璇，少时仪貌甚美，为牝狐所媚。家人或有见者，丰姿端丽。虽僮幼，遇之者，必敛容致敬。自称新妇，抵对皆有理，由是人乐见之。每至端午及佳节，悉有赠仪相送。云：新妇上某郎某娘续命，众人笑之，然所得甚众。后璇职高，狐乃不至。盖其禄重不能为怪。

唐刘肃《大唐新语》云：端午日，明皇赐宰臣钟乳。宋璟既拜赐，而命医人炼之。医请将归家炼。子弟谏曰：此乳珍异他者，不如今付之，归恐招欺换。璟诫之曰：自隐尔心，然疑他心耶。仗信示诚，犹恐不至，时有猜责，岂可得乎。

唐杜光庭《仙传拾遗》云：叶法善，字道元，处州松阳县人，四代修道，皆以阴功密行及劾召之术，救物济人。初，师居四明之下，天台之东。数年，忽于五月一日，有老叟诣门号泣求救，门人谓其有疾也。师引而问之。答曰：某东海龙也，大帝所勅，主入海之宝。一千年一更其任，无过者超证仙品。某已九百七十年，微绩垂成，有婆罗门逞其幻法，住于海峰，昼夜梵咒，积三十年，其法将戍，海水如云，卷在半天，五月五日，海将竭矣。统天镇海之宝，上帝制灵之物，必为幻僧所取，五日午时，乞以丹符相救。至时，师敕丹符飞往救之，海水仍旧。胡僧愧叹赴海而死。明日，龙撵宝货奇珍来以报师。师曰：林野之中，栖神之所，不以珠玑宝货为用，一无所取。因谓龙曰：此崖石之上，去水且远，但致一清泉，即为惠也。是夕，闻风雨之声，及明，绕山斋四面成一道石渠，泉水流注，终冬不竭，至今谓之天师渠。

唐段成式《酉阳杂俎》云：北朝妇人端午日进长命缕，宛转皆为人像，带之，王禹玉端午皇帝阁帖子云：更传长命缕，宝历万年余。又帖子云：六宫竞进长生缕，天子垂衣一万年。章简公帖子云：楚俗彩丝长命缕，仙家神篆辟兵符。颖滨作太后端午帖子云：万寿仍萦长命缕，虚心不着赤灵符。

又云：僧一行，开元中尝旱，玄宗祈雨，一行曰：当持一器上有龙状者，方可致之。命于内府遍视，皆言不类，后指一镜鼻盘龙，喜曰：

此真龙矣。持入道场，一夕而雨，或云，是扬州所进。初模范时，有异人至，请闭户入室，数日开户，模成，其人已失。有图并传，见行于世。此镜五月五日于扬子江心铸之者。又李肇《国史补》云：扬州旧贡江心镜。五月五日扬子江心所铸也。或言无百炼者。六七十炼则止。易破难成，往往有鸣者。

唐马缟《中华古今注》载：女人披帛，古无其制。开元中，诏令二十七世妇及宝林御女，良人等寻常宴参侍，令披画披帛。至今然矣。至端午日，宫人相传，谓之奉圣巾。亦曰续寿巾，续圣巾。盖非参从见之服。

《旧唐书·崔信明传》载：信明以五月五日正中时生。有异雀，身形甚小，五色毕备，集于树，鼓翼齐鸣，其声清亮。隋太史令史良使青州，遇而占之，曰：五月为火，火为离，离为文彩，日正中，文之盛也。又雀五色奋翼而鸣，此儿必文藻焕烂，声名播于天下。雀形既小，禄位殆不高矣。及长，博闻强记，下笔成章。乡人高孝基，有知人鉴，每谓人曰：崔信明才学富赡，虽名冠一时，但恨其位不达耳。

五代王仁裕《开元天宝遗事》云：唐宫中，每端午造粉团角黍，饤金盘中，妙仙可爱，以小小角弓架箭，射中粉团者得食，盖粉团滑腻而难射也，都中盛行此戏。

又云：宫中每到端午节，造粉团角粟，贮于金盘中，以角造弓子，纤妙可爱。架箭射盘中粉团，中者得食，盖粉团滑腻而难射也。都中盛于此戏。

又云：五月五日，明皇避暑，游兴庆池，与妃子昼寝于水殿中。宫嫔辈凭栏倚槛，争看雌雄二鸂鶒戏于水中。帝时拥贵妃于绡帐内，谓宫嫔曰：尔等爱水中鸂鶒，争如我被底鸳鸯。

北宋李昉等《太平广记》载：唐卢钧为均州刺史，常于郡后山斋养性。忽一人踰垣而入，云：王，山人也。公之贵，位极人臣，而有沉绵之疾，故相救。以丹一粒与之。后公还京，山人复至。云：二十三年五月五日午时，可令一道士于万山顶上相候。此时君节制汉土，当有月华相授，勿愆期也。公后出镇汉南。至期，命道士牛知微，五月五日午时登万山之顶山，人在焉。以金丹十粒，令授于公。曰：当享上寿，无忘修炼，伫还蓬宫耳。

北宋苏轼《仇池笔记》云：端午日日未出时，以意求艾似人者，采之以灸，殊效。一书中见之，忘其何书也，又未有真似人者，于明暗间以意命之而已。

北宋苏轼《东坡志林》云：端午日未出于艾中，以意求似其人者，辄撷之以灸，殊有效。幼时见一书中云尔忘其为何书也，艾未有真似人者，于明暗间。苟以意命之而已。万法皆妄，无一真者，复何疑耶。

北宋温革《琐碎录》曰：五日，硃砂写荼字，倒贴，辟蛇蝎。写

白字，倒贴柱上，辟蚊虫。写仪方二字，倒贴亦妙。又曰：午时将灯草浸油内，望太阳咒曰：天上金鸡，喫蚊子脑髓液。念七遍，吸太阳炁吹于灯草上，夜点灯草，照蚊俱去。又曰：五日取鳖爪着衣领中，令人不忘。又曰：患嗓臭者，五日于日未出时，汲井花水一盏，作三漱，吐门阃里。如此三十日，口臭永除矣。又曰：五日清晨，取白矾一块，自早晒至晚，收之。百虫咬伤，以些少涂之，即止。又能消毒，取独蒜，不分瓣蒜也，捣烂，涂面皮，手脚，一年不生恶疮。及冬月，不作冻疮，神验。不可多擦。

北宋王溥《唐会要》云：贞观十八年五月五日，太宗为飞白书，作鸾凤蝶龙等字，笔势警绝。谓司徒长孙无忌，吏部尚书杨师道曰：五日旧俗，必用服翫相贺。今朕各赐君飞白扇二庶，动清风以增美德。

北宋沈括《灵苑方》治金疮水毒及竹木签刺痈疽热毒等。糯米二升，捡去粳米，入瓷盆内，于端午前四十九日，以冷水浸，一日两度换水，轻以手淘转，逼去水，勿令搅碎，浸至端午日，乃取出阴干，生绢袋盛挂当风处，旋取少许炒令焦黑，碾为末，冷水调如膏药，随大小裹定疮口外，以锦绢包定。更不要动直候疮愈，若金疮误犯生水，疮口作脓，亦肿渐甚者，急以药裹定一二日久，其肿处已消，更不作脓，直至疮合。若痈疽毒疮初发，才觉疼痛亦热，急以药膏贴之，疼痛肿毒，一夜便消。喉闭及咽喉肿痛吒腮，并用药贴项下肿处，竹签刺者，临卧贴之，明日看其刺出在药内，若贴肿处，干即换之。常令湿为妙，唯金疮及水毒不可换，恐伤动疮口。

北宋苏颂《图经本草》云：五月五日午时，采葛根暴干，以入土深者为佳，今人多以作粉食之，甚益人。《神农本草》云：葛根一名鸡齐根，一名鹿藿，一名黄斤，生汶山川谷，陶隐居云：端午日日中时，取葛根为屑，疗金疮断血为要药，亦疗疟及疮。

北宋吕原明《岁时杂记》载：端午因古人筒米，而以菰叶裹黏米，名曰角黍相遗，俗作粽。或加之以枣，或以糖，今年又加松栗胡桃姜桂麝香之类，近代多烧艾灰淋汁煮之，其色如金。古词云：角黍包金，香蒲切玉。异苑云：粽屈原姊所作也。

又云：京师人以端午日为解粽节，又解粽为献，以叶长者胜，叶短者输。或赌博，或赌酒。李之问《端午》词云：愿得年年长共我儿解粽。

又云：自寒食时，晒枣糕及稀饧，至端午日食之，云治口疮，并以稀饧食粽子。

又云：端午以菖蒲，或缕或屑泛酒，又坡词注云：近世五月五日，以菖蒲渍酒而饮。《左传》云：享有菖歜。注云：菖蒲也，古词云：旋酌菖蒲酒，灵气满芳樽。章简公端午帖子云：菖华泛酒尧樽绿，菰叶萦丝楚粽香。王沂公端午帖子云：愿上菖花酒，年年圣子心。菖华，菖蒲别名也。

又曰：以青蒿草，捣汁，和石灰作饼子，阴干，收起。遇刀斧伤者，涂之立愈，愈后无痕。又一方，采百草头，捣汁，和石灰作块子，凿大桑树上一孔，纳灰饼在内，待百日后取出，曝干为末。傅金疮，神效。五月五日，宜合紫金锭，保生锭子，治小儿疾，方在《医书录·内府》。此日，用雄黄研末，少加硃砂，收真蟾酥作杵，阴干。凡遇恶毒初起，以唾磨擦，微痛立消。

又云：端午百索，乃长命缕等物，遗风尚矣。时平既久，而俗习益华，其制不一。纪原云：百索即朱索之遗事，本以饰门户，而今人以约臂。

又云：彩丝结纫而成者为百索，纫以作服者名五丝。古词云：自结成同心百索，祝愿子更亲自系着。

又云：端午日，以蚌粉纳帛中，缀之以棉，若数珠，令小儿带之，以裛汗也。古端午词云：门儿高挂艾人儿，鹅儿粉扑儿，结儿缀着小符儿，蛇儿百索儿，纱帕子，玉环儿，孩儿画扇儿，奴儿自是豆娘儿，今朝正及时。

又云：端午都人画天师像以卖，又合泥做张天师，以艾为头，以蒜为拳，置于门户之上。苏子由作《皇太妃阁端午帖子》云：太医争献天师艾，瑞雾长萦尧母门。艮斋先生魏元履词云：挂天师，撑着眼直下觑，骑个生狞大艾虎，闲神乱鬼辟惵他方，远方大胆底，更敢来上门下户。

又云：端午刻蒲为小人子，或葫芦形，带之辟邪。王沂公端午帖子云：明朝知是天中节，旋刻菖蒲要辟邪。又秦少游端午词云：粽团桃柳，盈门共垒，把菖蒲、旋刻个人人。

又云：端午以艾为虎形，至有如黑豆大者，或剪彩为小虎，粘艾叶以戴之。王沂公端午帖子云：钗头艾虎辟群邪，晓驾祥云七宝车。章简公帖子云：花阴转午清风细，玉燕钗头艾虎轻。王晋卿端午词云：偷闲结个艾虎儿，要插在秋蝉鬓畔。又古词云：双双艾虎，钗里朱符，臂缠红缕。又古词云：才向兰汤浴罢，娇羞簪云髻，正雅称鸳鸯会。

又云：京师人自五月初一日，家家以团粽蜀葵桃柳枝杏子林禽奈子，焚香或作香印，祭天者以五日，古词云：角黍厅前祭天神，装成异果。

又云：鼓扇百索市在潘楼下，丽景门外，闾阖门外，相国寺东廊外，睦亲，广亲宅前，皆卖此物。自五月初一日，富贵之家，多乘车萃买，以相馈遗。鼓皆小鼓，或悬于架，或置于座，或播鼓，其制不一，又造小扇子，皆青黄赤白色。或绣成画。或缕金，或合色，制亦不同，又秦中岁时记云，端午前二日，东市谓之扇市，车马于是特盛。

又云：端午赐从官已上酒团粽画扇，升朝官以上赐公服衬衫，大夫以上加袴，从官又加黄绣裹肚，执政又加红绣裹肚，三襜，经筵史官赐杂纱帽及头须帕子涂金银装扇子酒果，史官又加团茗。上尊仁宗时，自从官以上并讲官。赐御帛书扇，稽考李唐亦有此赐。故杜甫端午日赐衣诗云：宫衣亦有名，端午被恩荣。细葛含风软，香罗叠雪轻。自天题处

湿，当暑着来清。意内称长短，终身荷圣情。

又云：端午，粽子名品甚多，形制不一，有角粽、锥、粽茭、粽筒、粽秤槌，粽又有九子粽。端午作水团，又名白团，或杂五色人兽花果之状，最精者名滴粉团，或加麝香，又有干团，不入水者。

北宋孟元老《东京梦华录》云：端午节物，百索、艾花、银样鼓儿、花花巧画扇、香糖果子、粽子、白团、紫苏、菖蒲、木瓜，并皆茸切，以香药相和，用梅红匣子盛裹，自五月一日及端午前一日，卖桃、柳、葵花、蒲叶、佛道艾，次日，家家铺陈于门首，与粽子、五色水团、茶酒供养，又钉艾人于门上，士庶迎相宴赏。

又云：都人争造百索艾花、银样鼓儿花、花巧画扇、香糖果子、粽子、白团。紫苏、菖蒲、木瓜，并皆茸切，以香药相和，用梅红匣子盛裹，谓之端午节物。

又云：自五月一日及端午前一日，城内外争卖桃、柳、葵花、薄叶、佛道艾，次日，家家铺陈于门首，以粽子五色水团茶酒供养，又钉艾于门上，士庶递相宴会。

北宋张邦基《墨庄漫录》云：东坡为翰苑，元祐三年供端午帖子，有云：上林珍木暗池台，蜀产吴苞万里来。不独盘中见卢橘，时于粽里得杨梅。每疑粽里杨梅之句，玉台新咏徐君蒨共内人，夜坐守岁时，酒中喜桃子，粽里觅杨梅。今人未见以杨梅为粽。徐公乃守岁诗，杨梅夏熟，岁暮安有此果，岂昔人以干实为之耶。东坡以角黍为午日之馔，故借言之耳。

北宋李攸《国朝事实》载：太宗征太原，行次澶渊，有太仆寺丞宋捷者，掌出纳行在军储，迎谒道左。太宗见其姓名，喜，以为我师必有捷之兆，车驾将至，令语攻城诸将曰：我端午日当置酒高会于太原城中。至癸未，继先降，乃五月五日也。

北宋王溥《唐会要》贞观十八年五月五日，太宗谓长孙无忌、杨师道曰：五日旧俗必用服玩相贺，今朕各遗卿飞白扇二枚，庶动清风，增美德，以推旧俗之法。

北宋张君房辑《云笈七签》曰：五日午时，取天落水，磨硃，写一龙字。明年又雨，取水磨墨，写一龙字，如钱大。二字合作一小丸。妇人难产，乳香汤，吞之，生出，男左女右，手中握字丸，即下。如次年无雨，前字无用矣。每年须写百字，以济人。

北宋贾善翔《天上玉女记》云：魏济北郡从事掾弦超，中夜独宿，梦有神女来，从之。自称天上玉女，姓成公字知琼。如此三四夕。一旦显然来游，姿颜容体，状若飞仙，遂为夫妇。后漏泄其事，玉女遂求去，去若飞迅。超忧感积日，几至委顿。去后五年，超奉郡使至洛，到济北鱼山下，遥望曲道头，有一车马似知琼，驰驱前至，果是也。悲喜交切，同来至洛，遂为室家，克复旧好。至太康中犹在，但不日日往

来，每于五月五日，辄下经宿而去。

宋《传灯录》云：万回法云公，虢州阌乡人，俗姓张氏。初，母祈于观音像而妊回，以唐贞观六年五月五日生。始在弱龄，笑傲如狂，八九岁方能言。回兄戍役于安西，音问隔绝，父母谓其诚死矣。日夕涕泣而忧思焉。回顾感念之甚。忽长跪而言，涕泣岂非忧兄耶？父母且疑且信，曰：然。回曰：详思我兄所要者，衣装糗粮扉履之属，请悉备焉，某将往观之。忽一日，朝齑所备而往，夕返其家，告父母曰：兄善矣。发书视之，乃兄迹也。一家异之。弘农抵安西万余里，以其万里而回，故号曰万回和尚。先是玄奘法师向佛国取经，见佛龛题柱曰：菩萨万回，向阌乡地教化。或笑或骂或击鼓，言事必验。太平公主为造宅于己宅之右，则天武后临朝，遂以锦袍玉带赐公。其事又出《谈宾录》及《两京记》。东坡以玉带施元长老次韵云：锦袍错落真相称，乞与佯狂老万回。

南宋洪迈《容斋五笔》云：唐世五月五日，扬州于江心铸镜以进，故国朝翰苑撰端午帖子，词多用其事。然遣词命意，工拙不同。王禹玉云：紫阖曈昽隐晓霞，瑶墀九御荐菖华。何时又进江心鉴，试与君王却众邪。李邦直云：艾叶成人后，榴花结子初。江心新得镜，龙瑞护仙居。赵彦若云：扬子江中方铸镜，未央宫里更飞符。菱花欲共朱灵合，驱尽神奸又得无。又：扬子江中百炼金，宝奁疑是月华沉。争如圣后无私鉴，明照人间万善心。又：江心百炼青铜镜，架上双纫翠缕衣。李士美云：何须百炼鉴，自胜五兵符。傅墨卿云：百炼鉴从江上铸，五时花向帐前施。许冲元云：江中今日成龙鉴，苑外多年废鹭陂，合照乾坤共作镜，放生河海尽为池。苏子由云：扬子江中写镜龙，波如细谷不摇风。宫中惊捧秋天月，长照人间助至公。大概如此，唯东坡不然，曰：讲余交翟转回廊，始觉深宫夏日长。扬子江心空百链，只将无逸鉴兴亡。其气光焰，可畏而仰也。若白乐天讽谏《百炼镜篇》云：江心波上舟中铸，五月五日日午时。背有九五飞天龙，人人呼为天子镜。又云：太宗常以人为镜，监古监今不监容。乃知天子别有镜，不易扬州百鍊铜。用意正与坡合。予亦尝有一联云：愿储医匡三年艾，不博江心百鍊铜。然去之远矣。端午故事，莫如楚人竞渡之的，盖以其非吉祥，不可施诸祝颂，故必用镜事云。

南宋洪迈《容斋随笔》曰：唐元宗以八月十五日为千秋节。张说上《大衍历序》云：谨以开元十六年八月端午献之。唐类表有宋璟请八月五日为千秋节，表云：月唯仲秋日在端午，然则凡月之五日，皆可称端午也。余观续世说齐映为江西观察使，因德宗诞日，端午为银瓶，高八尺，以献是，亦有端午之说。

南宋西湖老人《繁胜录》载：端午仍前供养角黍，天下唯有都城（按指临安），将粽揍成楼阁、亭子、车儿诸般巧样，开铺货卖，多作

劝酒，名为巧粽。

南宋庞元英《谈薮》云：大溪山，在广州境，旧山有一洞，其处所人不常识。每岁五月五日，洞开，则见之土人预备墨纸、刷箒入其中，以手摸石壁，觉有罅隙，若镌刻者，以墨刷其卜纸，覆其上印，摸而出，洞亦随闭。持所印纸视之，或咒语或药方，所得皆不同。亦有不成字，无所得者。咒术药方，应用无不效验。盖南法之所出也。

南宋周密《武林旧事》云：（端午）先期，学士院供帖子，如春日禁中排当，例用朔日，谓之端一，或传旧京亦然。插食盘，架设天师、艾虎、意思山子数十座，五色蒲丝、百草霜，以大合三层，饰以珠翠、葵、榴、艾花、蜈蚣、蛇、蝎、蜥蜴等，谓之毒虫。及作糖霜韵果、糖蜜巧粽，极其精巧，又以大金瓶数十，遍插葵榴、栀子花、环绕殿阁，又分赐后妃、诸阁、大珰、近侍翠叶、五色葵榴、金丝翠扇、真珠百索、钗符、经筒、香囊、软香、龙涎、佩带及紫练、白葛、红蕉之类。大臣贵邸，均被细葛、香罗、蒲丝、艾朵、彩团、巧粽之赐，而外邸节物大率效尤焉。巧粽之品不一，至结为楼台舫辂，又以青罗作赤口，白舌帖子与艾人并悬门楣，以为禳会。道宫法院，多送佩带符篆，而市人门首，各设大盆，杂植艾虎、葵花、上挂五色纸钱，排钉果粽，虽贫者亦然。湖中是日，游舫亦盛，盖迤逦炎暑晏游渐稀故也。俗以此日为马本命，凡御良廄邸第上乘，悉用五彩为鬃尾之饰，奇鞯宝辔，充满道途，亦可观玩也。

南宋张端义《贵耳集》云：周希稷，名承勋，周益公甚前席之有端午一诗，殊有讽刺：谁家解祟吐千瓶，丹墨交辉走百灵。尽使蛙蛇归药笼，又缠萧艾作人形。（缺二句）安得彩丝十万丈，东南西北系飘零。

《历世真仙体道通鉴》云：萧仙者，以周宣王十七年五月五日生。宣王之末，史籍散乱。萧仙能文着本末，以备史之不及。人以史目之。穆公有女，名弄玉，善吹笙，无和者。求得吹笙者以配。孟明荐史，因召见。秦王问，史云：善箫。曰：吾女好笙，子箫也奈何。女屏门呼曰：试使吹之。一吹清风生，再吹彩云起，三吹而凤凰来。女愿嫁之。史曰：女亦且吹笙。三吹之，如史所感。

元僧人继洪辑《岭南卫生方》云：五日，取百草头晒干，为细末，用纸包收起。临用，取一撮白纸封好，用红布绢拴定。令患疟人以眼案臂，面北，男左女右，系臂上，勿令病人知为何物，极有应验。又曰：五日，采蜀葵花，赤白二色，收起，阴干。赤者治妇人赤带，白者治白带。又曰：取鸡肠草，阴干，烧灰，治积年恶疮，极效。采无花果，阴干，治咽喉诸疾。

元林坤《诚斋杂记》云：姜廉夫祖寺丞，一夕方就枕，忽闻夜间呵殿声，一女子，绝色，自篱出。上堂拜姜母，启焉曰：妾与郎君有嘉约，愿得一见。姜闻，欣然而起。妻时引避。女请曰：吾弃人间事，不

可以我故，间汝夫妇之情。妻亦相拊接欢如姊妹。女事姑甚谨。值端午节，一夕制彩丝百副，尽饷族党。其人物花草，字画点缀，历历可数，自是以仙姑称之。

元伊士珍《琅嬛记》云：姚氏女月华，与杨子名达者相爱。月华少失母，随父寓于扬子江。江上端午有龙舟之戏。月华出看，达见其素腕褰帘，结五色丝跳脱，鬒发如漆，玉凤斜簪，巧笑美盼，容色艳冶异。达神魂飞荡，每日怀思，因制曲，序其邂逅，名曰：泛龙舟。

元脱脱等《辽史·礼志》云：重午仪，至日，臣僚昧爽赴御帐，皇帝系长寿彩缕，升车坐引，北南臣僚，合班如丹墀之仪。所司各赐寿缕，揖臣僚，受再拜，引退，从驾至膳，所酒三行。若赐宴，临时听敕。《岁时杂仪》：五月重五日午时，采艾叶和绵着衣七事，以奉天子。北南臣僚，各赐三事，君臣宴乐。渤海膳夫进艾糕，以五彩丝为索，缠臂，谓之合欢结。又以彩丝宛转为人形，簪之，谓之长命缕。《国语》谓：是日，为讨赛咿唲，讨五，赛咿唲月也。

元脱脱等《金史·礼志》云：拜天，金因辽旧俗，以重五、中元、重九日行拜天之礼。重五于鞠场，中元于内殿，重九于都城外。其制，刳木为盘，如舟状，赤为质，画云鹤文。为架，高五六尺，置盘其上，荐食物其中，聚宗族拜之。若至尊，则于常武殿筑台，为拜天所。重五日质明，陈设毕，百官班俟于球场乐亭南，皇帝靴袍乘辇，宣徽使前导，自球场南门入，至拜天台，降辇至褥位。皇太子以下百官，皆诣褥位。宣徽赞：拜，皇帝再拜。上香，又再拜。排食抛盏毕，又再拜，饮福酒。跪饮毕，又再拜。百官陪拜，引皇太子以下先出，皆如前导引。皇帝回辇至幄次，更衣，行射柳、击球之戏，亦辽俗也。金因尚之。凡重五日，拜天礼毕，插柳、球场为两行，当射者以尊卑序，各以帕识其枝，去地约数寸，削其皮而白之。先以一人驰马前导，后驰马以无羽横镞箭射之。既断柳，又以手接而驰去者，为上。断而不能接去者，次之。或断其青处，及中而不能断，与不能中者，为负。每射必伐鼓，以助其气。已而击球，各乘所常习马，持鞠杖。杖长数尺，其端如偃月。分其众为两队，共争击一球。先于球场南立双桓，置板，下开一孔为门，而加网为囊，能夺得鞠击入网囊者为胜。或曰：两端对立二门，互相排击，各以出门为胜。球状小如拳，以轻韧木枵其中而朱之。皆所以习跷捷也。既毕，赐宴，岁以为常。

元鲜于枢《相学斋杂钞》载：转运田特秀，字彦实，易县人，大定十九年进士，仕至太原转运使。喜作诗，为周德卿、李之纯所赏。彦实所居里名半十，行第五，以五月五日生，小字五儿，二十五岁，乡府省御四试皆中，第五年五十五，八月十五日卒。造物之戏人如此。

明李时珍《本草纲目》云：

端午日造诸药。五月五日，午时，有雨急，伐竹竿中，必有神水，

沥取为药，治心腹积聚及虫病。和獭肝为丸，又饮之，清热化痰，定惊安神。重五日午时，取井华水，宜造疟痢、疮疡、金疮、百虫蛊毒诸丹丸。五日，取车辙中水，或牛蹄中水，洗疬疡风，甚良。五日，取东引桃枝，削为木针，如鸡子大，长五六寸，干之，为神针。用时以绵纸三五层衬患处，将针醮麻油点着，吹灭，乘热针之。治心腹冷痛、风寒、湿痹，附骨阴疽。凡在筋骨隐痛者，针之，火气直达病所，甚效。五月五日午时，取蚯蚓粪，以面和丸，如梧子大，朱砂为衣。可截热疟，每服三丸，无根水下，忌生冷，即止。或加菖蒲末，独头蒜。《月池子蕲艾传》有赞云：产于山阳，采以端午，治病灸疾，功非小补。宗懔《荆楚岁时记》云：五月五日，鸡未鸣时，采艾似人形者，揽而取之，收以灸病，甚验。是日采艾为人，悬于户上，可禳毒气。其茎干之，染麻油，引火点灸炷，滋润灸疮，至愈不痛。亦可代着篮，及作烛心。五月五日，采一百种草，阴干烧灰，和石灰为团，煅研傅金疮，止血。亦傅犬咬。又烧灰，和井华水作团，锻白以酽醋和作饼，腋下夹之，干即易，当抽尽一身痛闷，疮出即止，以小便洗之，不过三度，愈。按《千金方》治洞注下痢，以五月五日，百草灰吹入下部。又治瘰疬已破，五月五日，采一切杂草，煮汁洗之。

五月五日，取井中倒生草，烧研水服，勿令知即，恶酒不饮，即饮亦可不醉也。诸疟久疟，用三姓人家寒食面，各一合，五月五日午时，采青蒿，擂自然汁和丸，绿豆大。临发日早，无根水下，一丸一方，加炒黄丹少许。（德生堂方）金疮痈肿及竹木签刺等毒，用糯米三升，于端午前四十九日，以冷水浸之，一日两换水，轻淘转，勿令搅碎。至端午日取出，阴干，绢袋盛，挂通风处。每用，旋取炒黑为末，冷水调如膏药，随疮大小，裹定疮口，外以布包定，勿动，直候疮瘥。端午日，取独蒜煨熟，入矾红等，分擣丸，芡子大。寒热疟疾，每白汤嚼下一丸。端午日，以独蒜头十个，黄丹二钱，捣丸，梧子大，每服九丸，长流水下，甚妙。寒湿气痛，端午日，收独蒜同辰粉捣，涂之。五月五日，采繁缕，暴干，烧作屑，疗杂疮，有效。即鹅儿肠草也。

五月五日，鸡肠草作灰，和盐，疗一切疮。及风丹，遍身痒痛，亦可捣封，日五六易之。

五月五日，收苋菜，和马齿苋为细末，等分，与妊娠人，常服，令易产也。

五月五日，掐黄瓜入瓶，内封，挂檐下，汤火伤灼，取水刷之，良。

五月五日午时，取桃仁一百枚，去皮，尖乳钵内，研成膏，不得犯生水，入黄丹三钱，丸梧子大，每服三丸，疟疾发日，面北温酒，吞下。合药忌鸡犬妇人见。

百草灰主腋臭及金疮，五月五日，采乘露草一百种，阴干烧作灰，以井华水为团，重烧令白，以酽醋和为饼，腋下挟之，干即易，当抽一

身痛闷，疮出即止，以小便洗之，不过三两度，又主金疮，止血生肌，取灰和石灰为团，烧令白，刮傅疮上。明代刘若愚《酌中志略》云：宫中端午。五月初一日起，至初五日止，宫眷内臣，穿五毒艾虎补子蟒衣，门两旁安菖蒲艾盆，门上悬挂吊屏，上画天师，或仙子仙女执剑降五毒，故事如年节之门神焉。悬一月方撤也。

明彭时《彭公笔记》曰：五月五日，赐文武官走骠骑于后苑。其制：一人骑马执旗引于前，二人驰马继出。呈艺于马上，或上或下、或左或右，腾踯跷捷，人马相得如此者数百骑。后乃为臂鹰走犬围猎状，终场俗名曰：走解。而不知所自始，岂金元之遗俗欤。令每岁一举盖以训武也。观毕，赐宴而回。

明杨循吉《吴中故语》云：许道师，尹山之小民也，善房中术。以白莲教惑人，欲钩致妇人为乱。有传道者数辈，事之以为神佛，遂鼓动一境，皆往从焉。其人居一室中，人不得妄见，以五月五日取蜈蚣、蛇蝎、壁虎等五种毒物聚置一瓮中，闭而封之。听其相食，最后得生者，其毒特甚，乃取而刺其血，和药浸水，贮之。令妇人欲求法者，必令先洗其目，云不尔不清净，不可以见佛，洗后入室，金光眩然，妄见诸鬼神相愚，无知者深信之。

明程文宪《中州野录》：鄱阳高举登，永乐甲申进士，拜监察御史。罢归，居林谷间，谢绝人事，不入城府。一日掉小舟至城下，时值重午，郡守饮月波楼以观竞渡。举微服箕坐舟上，守怒逮之。至令其供不合状。举遂书一绝云：皇后升遐未一年，今春先帝又宾天。江山草木皆垂泪，太守如何看画船。守询之，知为高侍御，大惭而延纳之，公拂衣不顾而去。

明万表辑《万氏家抄》曰：五日午时，采鸡肠草，晒干为末，齿痛热肿者，擦之立愈。又曰：五日取虾蟆晒干，收起，纸包，红绢袋盛。疟发，早男左女右，臂上挂帮，勿令知之，立愈。五月五日，取冢上泥，并砖石一块回家，以小瓶盛埋门外阶下，合家不患时证。

明田汝成《熙朝乐事》云：端午为天中节，人家包黍秫以为粽。束以五色彩丝，或以菖蒲通草雕刻。天师驭虎象于盘中，围以五色蒲丝，剪皮金为百虫之像，铺其上。却以葵榴、艾叶攒簇华丽，或以彩绒杂金线缠结。经筒符袋互相馈遗。僧道以经筒、轮子辟恶灵符分送檀越。而医家亦以香囊、雄黄、乌发、香油送于常所往来者，家家买葵榴、蒲艾植之堂中，标以五色花纸贴画虎蝎。或天师之像，或硃书，五月五日天中节，赤口白舌尽消灭之句，揭之楹间，或采百草以制药，觅虾蟆以取蟾酥，书仪方二字，倒贴于楹以辟蛇虺。

明刘侗《帝京景物略》载：五月一日至五日，家家妍饰，小闺女簪以榴花。曰：女儿节。五日之午前，群入天坛，曰避毒也。过午出走马坛之墙下，无江城系丝投角黍，俗而亦为角黍，无竞渡俗亦竞游耍。

南则耍金鱼池，西耍高梁桥，东松林，北满井。为地不同，饮醵熙游一也。同太医院官旗物鼓吹赴南海子，捉虾蟆取蟾酥也。其法针枣叶刺蟾之眉间，浆射叶上，以蔽人目，不令伤也。渍酒以菖蒲，插门以艾，涂耳鼻以雄黄，曰避虫毒。家各悬五雷符，簪佩各小纸符，簪或五毒五瑞花草。项各丝系垂金锡若钱者若锁者曰端午索。

明杨嗣昌《武陵竞渡略》云：

竞渡考。竞渡事，本招屈，实始沅湘之间。今洞庭以北，武陵为沅以南，长沙为湘也。故划船之盛甲海内，盖犹有周楚之遗焉。宜诸路做傚之者，不能及也。旧制四月八日，揭篷打船。五月一日，新船下水，五月十日、十五日划船赌赛。十八日，送标讫，便拖船上岸。今则兴废早晚不可，一律有五月十七八打船，廿七八送标者，或官府先禁后弛，民情先鼓后罢也。俗语好事失时者，云打得船来，过了端午，至今不足为诮矣。船一以杉木为之，取其性轻易划，得燥木为龙骨，尤妙。一船司命，全在龙骨。生梗桡软，使船不进，皆龙骨病也。

其次在蔷篾，以麻扎竹相续为之，绕船首尾，急束数十番，然后互相穿度勾绞如织。此一船之筋，以前后促紧如弓梢，船行身不动为良，否即簟水，易败也。

船式长九丈五尺，最为中制。过长有十一丈五尺者。短至七丈五尺止。此武陵郡中船也。俗说长船短马，大意以坐桡多者为胜，实不尽然。有长之驽缓，不及短之精悍者。其他湖泊溪港所在，有船短不及式，或时饰他船水嬉而已，赌赛无取焉。

凡船决赌，以选桡为第一义，桡手俱出江南打鱼家。以姓著者，曰段家、芮家。以地著者，曰，德山，德山港。其人谓之水老鸦，狎巨浪如枕席者也。凡散桡皆以银米，先期占，募健儿，至期挑选用之。有畏生事不上船，及妇惜夫不听募者，须红布三王尺可得，亦犹款胡，用脂粉之属焉。一种江头给艓之人，抱瓮灌园，不以渔为业，其桡轻小无力，谓之菜桡子，咸黜不用。凡选桡法，先遣两桡共一船，相背而划，以知强弱，谓之两头忙。复合十余桡，分左右翼，急划数转如盘蚁，封，以观整乱，谓之涡儿漩。大抵左桡难于右桡，犹射左右开弓之有钝利也。

船以樯为中线，虚缚船上。樯前后立者，头梢二人。樯中立者，旗鼓拍板三人。和樯不拘人数，多不过四五，少或无之。樯下施横木，约二尺许，一枚如梯桄子，相次左右坐桡处也。船过十一丈，可坐八十桡。九丈者，六十余桡。七丈者，四十余桡。行船以旗为眼，动桡以鼓为节，桡齐起落，不乱分毫，乱者黜之，谓搅酱手。与桡相应，惟拍板声最妙，如出桡间，响戛空水，诸处不用拍板，惟武陵为然，或代以金，失之愈远。

“和樯”一名“和桡”，刘禹锡《竞渡曲注》曰：竞渡始于武陵，

至今举楫而相和之，其音咸呼，云何在，斯招屈之义。然则和檣亦疑和楫之讹也。去古渐远，不闻何在之声第相呼曰：拿桡拿桡。《庄子·渔父》杖拿而引其船，陆游《老学庵笔记》：鼎沣谓拿子为桡，义兼诸此。划船当郡城之中，远者自渔家港来，沿流十五里，自白沙渡来，泝流三十五里，计一日之间，五十里内。旗鼓哄然，而徘徊往还，与赌赛之地，不过十里间耳。江南上至段家觜，下至青草觜，江北上至上石危，下至下石危，而势阔远，堪为赛场。南则芳草茂林，雪沙霞岸；北则危楼画槛，古堞重城。观者于此鳞集。刘禹锡诗：风俗如狂重此时，纵观云委江之湄。斯实录矣。

赛船虽有上下长江南北分江之名，然不足为准，唯自北而南，横江互竞，两船约略齐驱，须到彼岸与否，为输赢的。据范慥《竞渡赋》曰：聿来肇自于北津，所届眇期于南浦。殆谓是也。五月，沅江涨落不时，隔岸迂捷俄异。惯船者皆深识水候，兼船所直之方，不差毫末，先胜而后战焉，否即浪战败矣。记船以鼓，大约横江涨时，三百八十槌，落时三百六十槌，逐岸增损，不能悉载。

凡船赌赛，虽一江之中，彼己形见，犹狙诈百端。或前驱中流，整阵待敌；或卷旗卧鼓，发伏争先；或乍进乍止，以屡出相疲；或一纵一横，以分途并扼；或甲与乙赛，丙先为诱，迨甲乙成赌，丙旋抽回，谓之送船；或甲强乙弱，让乙先行，却后追去，谓之赶船。计路以船，有赶半船一船路，甚至五船，十船者。赢亦如之，谓赢半船一船路，甚至五船十船也。又或量力不进，遇敌先逃，谓之怯船。本无斗心，优游竟日，谓之演船。其人久习船事，足智多奸，谓之老水。后生轻锐，不胜成亏，谓之新水。船无老水，虽胜亦幸也。

武陵唱山歌，多竹枝遗意。白居易诗：江上何人唱竹枝，前声曳断后声迟。唯武陵人歌曳后断，断后迟为备其体。亦时有新语出。渔翁马隶，口中奇快可赏，龙船歌则不然。儿童所传，终老无异，每唱四声，前声毕，余耶野二音；后声毕，余阿婀二音而已。亦有相沿套头，如石榴花，叶儿青之类，为起兴语，临时撰足四句，彼此相嘲，鄙俚无足道。抵暮散船，则必唱曰：有也回，无也回，莫待江边冷风吹。其来甚远。按《隋书·地理志》：屈原五月望日赴汨罗，土人追至洞庭，不见，湖大船小，莫得济者。乃歌曰：何由得渡湖。因尔，鼓棹争归竞会亭上。斯则有也回，无也回之义，乃数千年之语也。武陵东门外，旧有招屈亭。刘禹锡诗：昔日居邻招屈亭。《竞渡曲》云：曲终人散空愁暮，招屈亭前水东注。斯《隋志》竞会亭上之验，其地本名屈原巷，近有小港，名三闾河，盖原生平所游集也。

俗传竞渡禳灾，《风俗通》曰：五月五日，以五彩系臂，辟兵及鬼，令人不病瘟，亦因屈原。《荆楚记》曰：五月五日并蹋百草，采艾为人，悬门户，禳毒气。又曰：屈原以是日死，并将舟楫拯之。盖两事

合为一耳。梅尧臣作祝，讥原好竞渡，使民习尚之，因以斗伤溺死。一岁不为，辄降疾殃，失爱民之道。刘敞作屈原虾辞，言竞渡非原意，以晓圣俞。辩说蜂起。余谓楚俗尚鬼，原生时放逐沅湘，亲睹淫祀山鬼国殇，何与人事，而皆为之辞。盖其俗有不可变者也。况原以忠直愤塞，蹈身洪流，民秉之良，自谋憔悴耳。属牢骚震駴，未有凭一叶之舟，堕千古之泪，亦何伤乎。江南卑湿温暑，司辰王侯驾言：士女于迈抑，亦山阴之禊竹，汝南之插萸也。使其可已，何俟今日。

今俗说禳灾，于划船将毕，具牲酒，黄纸钱，直趋下流，焚酹诅咒疵疠，夭札尽随流去，谓之送标。然后不旗不鼓，密划船归，拖置高岸，翥阁苫盖以待明年。即今年事讫矣。尔时民间设醮，预压火灾，或有疾患，皆为纸船，如其所属，龙船之色，于水次烧之，此本韩愈送穷具车与船之意，亦非苟作。

桃符兵罐二物，船人临赛掷之以祈胜，非也。桃符能杀百鬼，乃禳灾之具。兵罐中所贮者，米及杂豆之属。按《续齐谐记》：楚人哀屈原，每至五日，竹筒贮米投水祭之。汉建武中，长沙区曲，白日忽见一人，自称三闾大夫，教曲以楝叶塞筒，五彩丝缚，免为蛟龙所窃。自是，世有楝叶粽，并带五色丝。此兵罐盛米，乃竹筒之讹，未有角黍，以前之遗制也。

划船不独禳灾，且以卜岁。俗相传歌：花船赢了得时年。只此一句，无上下文，不知所自始，而颇有其验。储光羲《竞渡诗》曰：能令秋大有，鼓吹远相催。然则其来已久，盖未有好事，划船非乐岁者也。

龙船歌耶野、阿婀余音，唯武陵为然，诸处不尔。一云其音为些些，本招魂楚些之遗，吊屈意也。按宋玉《招魂》：帝告巫阳，有人在下。我欲辅之，魂魄离散，汝筮予之。盖原已死，时语今划船用巫，实始于此。说者乃谓玉徇楚俗，生用此法，于原似未为得。

划船用巫阳为厌胜，或走聘名巫于万山中，谓之山老师，法力尤高。大约划船先夜，头人具牲酒倩巫作法，从船首打角力斗，至尾撒荞燃火，名曰亮船。鼓声彻旦不懈，以防敌巫偷作幻术。或捕得之，捶死无悔。划船之日，巫举油火发船，以其红黑高下，占船之胜负，历历不爽。巫所奉神，名西河萨真人，诅咒有蛮雷、猛火、烧天等术。手诀有，收前龙，息阴兵，移山倒海等术，卷裤露足，跳罡七步，持咒激火，火起船行。咒词有天火烧太阳，地火烧五方，雷火执常法，烧死诸不祥。龙舟下弱水，五湖四海任飘荡。云云。船底在水中，用白茅从首至尾顺拂一过，亦防敌人暗系诸物，以成滞啬。余法秘传，不能悉知。

划船择头人，必有身家拳勇者为之。前数日，刊梨枣一片，上画龙舟，下书词调，蒸面为饼饵，遍送所隶地方，索报以金钱。亲戚或有力之人，派供酒饭，以供具盛者，为平生有行止之人。亦有寻常许愿供酒饭者。其日江中小艓，揭黄钱，二树彩联，鼓吹而往，即供饭船也。

凡供酒饭，虽船人醉饱，必强饮食之，颗沥不留余，余则撒江中，盘箸亦掷诸水，不复携去。至晚散船，人家竞取船仓中水，杂百草为浴汤，云：可辟恶。斯皆祓禳之类也。

船人无不习水善游，唯头旗鼓拍四人，不必善水，则皆寄命桡手。是日划船，悉顶巫师符篆，及制黄赤小旗，取鹭鸶毛插鬓间，厌胜物也。观者，树红绿彩，或制句彩上，俟船过赏之。凡船所经，系其隶地，放爆竹黄烟，挥扇喝采相和，否则群声合噪，以揶揄之怒者，掣屋瓦飞击如雨，船人亦横桡舞掌，作势相应云。

花船庙神，曰梁王。其像冕服，侍卫兵仗甚严，乃东汉梁公代马援监军，征五溪夷者也。土人祀之阳山。刘禹锡诗：汉家都尉旧征蛮，血食于今配此山。又曰：梁国三郎威德尊，即此。江南有庙，郡人祈嗣踏青，桃李甘菊花，时率往游焉。划花船，则有事，兹庙刻神像于龙之首，涂其鳞尾五色，两旗白质龙文，或刺或绘五色，头梢旗鼓，和拍之人服黄白色，所隶地曰：神鼎清平，常武三门，及七里桥。赛花船，鳞尾旗服同花船。其庙神曰灵官，所隶地曰渔家港，竹筐湾等处。紫船鳞尾旗绘皆紫服黄白色，庙神曰李才将军，手赤棒，典江湖舟艟，未详所出，所隶地曰槐花堤，清泥湾。白船鳞尾，旗服纯白，庙神曰老官。曰羊头三郎，竹马三郎，皆一手操桡，一手或拳，或弄彩球，古有竹郎神，未知是否。所隶地曰拱辰，永安二门，及善德山。乌船鳞尾皆乌，红船鳞尾皆红，旗皆赤色，服皆纯青，诸船桡服杂色，此两船桡亦纯青。庙神曰黄公大伯，二伯，三伯。黑面，手操尧。相传兄弟皆靛客，溺水为神者也。所隶地曰临沅门、大河街、德山港、苏家渡、白沙村。大抵庙神多不经，从来久远，莫由厘革，姑纪其实如此。

诸船分界，唯士民割据。胜负嚣争，儿童妇女无肯逊人，一语或祖居此船，迁居彼船，只认祖居者，过半或居此船，而不争船，其党人憎之，谓没志气。纳降书攥桶子，凡与人手谈，拇阵，角饮，争言胜，或口称“咚咚”，打鼓声也；或张两袖舞，称赢了，赢了，和桡势也。流俗酷溺如此，若荣府建邦启土，道府县公署临民，虽在诸船界中，无屑屑分畛之理。俗儿亦以市井见分之细甚矣。

船中两旗，方幅各尺五寸，以布为之，《楚辞》乘回风兮载云旗。韩愈《罗池庙碑》曰：侯之来兮两旗，度中流兮风泊。之此亦迎神之物也。

划船招屈，良有深意，不独感兴汨罗。《楚辞》：乘舲船余上沅兮，齐吴榜以击汰。船容与而不进兮，淹回水而凝滞。此原生平遭遇，掩抑迍邅，后人写之，疾鼓轻桡，轰霆卷雪，庶一洗其不平之气耳。又曰：朝发枉渚兮，夕宿辰阳。沅与枉渚，皆武陵水名。

龙船不施头角，或试施之。一再行，即取去，唯刻木鳞三尺竖船头，谓之鹅项头，人所倚立者也。相传，昔河洑龙，本造黄龙船，施头角鳞爪，体似真龙。鼓行没水，百无一人出者。故皆以为戒。亦云桡出

德山龙井中，黄船用是始废，不诬也。

青船旧隶清平门外，谓之青竹标，不知何时废。今小庙存焉。江上看船，北岸楼有三四层，自清平门至下石柜，其长五六里，皆前期争纳僦，直多至数百文。缓即为人占去。至日，提壶挈榼，马步鱼轩切磨道，上巳牌，则毕集矣。盘中佳果，有韩家李麦黄桃，新味有鲥鱼莼菜。尝鼎一脔，下豉千里。方共清谈浪笑，忽闻船赛，莫不停杯变色，倚槛瞪眸，是耶，非耶，若得若失。元黄自战，胜负俄分。于时，或气涌如山，可以踏江穿屋；或颜灰若死，不知下殿辞楼。鹰飞天而雉伏蒿，龙为鱼而鼠变虎。殆未足以极其情喻也。

看船僦楼，亦各有域。花白诸船人，不入乌船域。乌红船人不入花船域。有互入者，非忘情不能，非善斗不敢，亦往往凶终，不如不入之为愈也。人众楼少，故有江南之食单，江中之舲舰，水陆蔽亏，莫可筭数。在江南者，看横渡到岸，极审。然船将到岸，非其隶地，则岸头，飞砾击之，船人或挥桡挺斗，玉石莫分。居江中者，易碍诸船往来之路，或正当赌赛之冲，引避不及，立成泥矣。若取其点缀，江南果窳觞豆，满眼可沽，江中落日，金鼓喧阗，瓜瓢舴艋，皆扬袂折柳，危足踏舷而舞，亦诸方未有之盛观矣。

凡官府看船，往时多在寓贤阁，神鼎楼，县丽谯临沅楼等处，结彩张筵。诸船始至，必参严鼓勒桡，急划抢岸，头人转面鹅项，跪足点头。泊岸，仍登楼遍叩。官给花红赏之。后至者，有鞭扑之惧。今寓贤阁圮久矣。寓贤者谁，本朝薛文清为御史，监沅州银场，往来巡哨，王文成忤逆，瑾谪赴龙场，旅寓处也。

凡船赛，胜则以梢为头，倒转划之，船人皆竖桡舞柳、鸣金鼓吹，船中过所胜之船之方，掩抑数四。负者或勉为之，而神不王，或不相及远，则真服输，寂寂然矣。日晚，散船头家具酒饭，满船俱集。胜者加丰，邻里亲知，踵门称贺。明日结彩于门，开尊演戏，或书对联小令于城门，缚狗悬龟，系芎劳草果诸物以嘲负者。负者，地方之人，偶过其下，则垂首去，或亲友封致前物，以相谑云。自四月说船，便津津有味，五月划后，或胜或负，谈至八九月间，沾沾未厌也。

或曰：划船之说，备矣。梅圣俞云：斗伤溺死，其能免乎。则应之曰：龙船不易溺于诸船也，斗则溺耳。于竞渡时而禁斗，船中禁藏竹竿、鹅子石。两岸禁掷瓴瓦。一捕尉力何难焉。若寻其本，限为小船，长不满五丈，桡不过三十人，宁以一船之费，为两三船，存其戏而杀其力，势自不至于斗矣。不斗亦不溺矣。前不云乎，使其可已何俟。今日如欲已之而未可得，是说而存之，其庶几哉。

清董丰垣《识小编》云：永乐中禁中有剪柳之戏，剪柳即射柳也。陈眉公云：北人以鹁鸽贮葫芦中，悬之柳上，弯弓射之，矢中葫芦鸽辄飞出。以飞之高下为胜负，往往会于端午日，名曰射柳。

清张英等《渊鉴类函》云：卢循遗刘裕以益智粽，益智药名，以之为粽，言其智力穷也。裕报以“续命汤，亦药名，治中风不省人事”。

二、方志资料

《顺天府志》（清光绪二十八年重印本）：

端午用角黍、杏子相遗，挈酒游高梁或天坛，坛中有决射者，盖射柳遗意。（《北京岁华记》)五日游为“耍青”，十日游为“送青”。（《柳堂□集》)无赖子弟，以是日刺臂作字或木石鸟兽形。民间是日生子，束一木或荆条祭于堂，斩其木五、六尺许，祝曰:“如是止，勿长抵户。”（《北京岁华记》)五月五日，渍酒以菖蒲，插门以艾，涂耳鼻以雄黄，曰避毒虫。家各悬五雷符，簪佩各小纸符，簪或五毒、五瑞花草。项各彩系，垂金锡，若钱者，若锁者，曰“端午索”。(《景物略》）中官于端午鬻内造紫金锭。（《居易录》）

《宛平县志》（手抄本）：

（五月）五日，家悬五雷符，插门以艾，幼女佩纸符、簪榴花，曰“女儿节”。是日午，具角黍，渍菖蒲酒，合家饮食之。以雄黄涂耳鼻，取避虫毒之义也。天坛墙下走马为戏，群竞观焉。金鱼池、草桥、聚(积)水潭，皆有树阴，可作醵饮，相望不绝。

《延庆州志》(清乾隆七年刻本):

（五月）五日，俗尚与它处略同，但少龙舟竞渡耳。

《顺义县志》（民国四年铅印本）：

五日“端午节”，人家插艾，悬符，饮菖蒲、雄黄酒，为角黍相馈遗。制五色线，系儿女臂，名“长命缕”，以避毒。男子于郊原采百草，相斗赌饮。十三日演戏，关帝庙赛会。

《顺义县志》（民国二十二年铅印本）：

五月“端午”，插艾，悬菖蒲，挂符，粘葫芦，签桃棘，为角黍相馈遗。制五色线系小儿身，名“长命缕”。

《平谷县志》（民国二十二年铅印本）：

五月五日，“端午节”。射柳悬艾，包角黍相馈。儿女孽以色丝系颈臂，名为“百岁索”。岁旱，妇人群聚，洗箕于河，求雨泽。

《通州志》（清光绪五年刻本）：

“端午节”，家以角黍相馈遗。插艾，悬符，饮菖蒲、雄黄酒，制五色线系儿女臂以避毒。演龙舟于运河之中以为戏。

《房山县志》（民国十七年铅印本）：

五月五日，城乡各户悬符、艾，插桃枝，食角黍，泛菖蒲酒。用雄黄涂小儿耳鼻，以避毒虫。

《良乡县志》（清康熙三十九年刻本）：

五月五日，泛菖蒲酒，悬符艾，食角黍，用雄黄、朱砂涂小儿耳鼻，更用五色绒为续命索系手足并颈。士民或踏青郊外，临流称觞相娱。

《天津卫志》（民国二十三年易社校印清康熙十三年本）：

五日，书门符，悬艾虎。儿童彩绳系臂，谓之“续命缕”。戚里馈送角黎。饮菖蒲，雄黄酒，书朱符以驱百毒。采百草为膏。

（南皮县）“端午”，男女皆佩艾叶、朱符，户插艾枝，以避五毒。小儿以彩线系臂，谓之“续命”。以竹叶、裹黍、糯作粽，亦名“角黎”，亲友交馈，或延客，谓之“解粽”。

（盐山县）“端午”，插艾、贴符于门，食角黍，饮菖蒲、雄黄酒避毒，采百草为膏。

（庆云县）五日，以五色线系童男女手足，戴彩符、艾虎，插艾于户。食角黍，雄黄、朱砂、菖蒲酒。又用雄黄酒洒墙壁驱毒虫。午时，取百草可疗病者，蓄之为药。以墨置虾蟆口，疗诸毒。馈节仪。占候此日雨，有虫灾。

《天津县志》（清乾隆四年刻本)：

“端阳节”，贴门符，插蒲艾，食角黍，饮雄黄酒。系儿以彩线，曰“长命缕”。又采百草为膏。

《天津志略》（民国二十年铅印本）：

初五日，为“端阳节”，又称“端午”。家家于门前插蒲艾，贴五雷天师符，供粽子等于佛前，亦以之相馈赠。闺人皆以绫罗巧制小虎、桑葚、葫芦之类，以彩线串之，悬于钗头，或系之儿背，谓可避鬼，且不病瘟，曰“长命缕”。又以雄黄书王字于儿额，或且涂其七孔及墙壁，谓可避毒虫。居民、商店，皆盛治酒食，曰过端阳节。

《蓟州志》（清康熙四十三年刻本）：

“端午节”，挂蒲悬艾，角黍相贻。儿女辈以色丝系颈，名为“百岁索”。

《蓟县志》（民国三十三年铅印本）：

“端午节”，挂蒲剑艾人，食角黍。儿女辈以色丝系颈上，名“百岁缕”或抽荷包。佩带，皆取趋吉辟凶之意。

《宝坻县志》（民国六年石印本）：

五月五日，曰“端阳”。比户悬艾虎，研朱砂、雄黄入酒，晒而饮之。馈角黍于亲朋以贺节。

《武清县志》（清乾隆七年刻本）：

五日，馈角黍，饮菖蒲酒，贴符、插艾，曰“耍端午”。以五色线系儿女臂以辟毒。

《静海县志》（民国二十三年铅印本）：

五月五日，为“端午节”，屈原投汨罗江之日。俗用角黍，饮雄黄酒。竞渡之戏今已无。商家结算。挨户插艾虎、艾人，及红色纸制葫芦式，粘于墙户与小儿衣襟上，名曰“去五毒”。葫芦取盛药之意，俗云:“不知葫芦里头藏什么药。”《风土记》曰：“仲夏端午烹鹜、角黍。以菰吁裹粘米煮熟，谓之‘角黍’。”《续齐谐记》曰:“五月五日屈原投汨罗而死。楚人哀之，每至此日，竹筒贮米投水祭之。”崔寔《四民月令》:“五日，取蟾蜍可治恶疮。”《风俗通〉“五月五日以五彩系臂者，辟兵刀及鬼，令人不病瘟。”《荆楚记》曰:“荆楚人以五月五日采艾为人，悬门户上，以禳毒气。”又曰:“屈原于是日死，并将舟楫以拯之。今日竞渡是其遗迹。”

《宁河县志》（清乾隆四十四年刻本）：

端午，人家以角黍相馈，儿女佩丹符、花胜。门插艾叶，饮雄黄、菖蒲酒，以避瘟疫。

《真定县志》（清顺治三年刻本）：

端午，人皆佩艾叶、朱符，取艾枝插户，以辟五毒，小儿以彩线系臂，谓之“续命”。以竹叶裹黍糯作粽，亦名角黍。亲友交馈或延客，谓之“解粽”。

《正定县志》（清光绪元年刻本）：

端午，门悬蒲、艾，佩朱符。小儿彩缕系臂，为“续命缕”。亲友以角黍相馈遗、请客，谓之“解粽”。

《行唐县新志》（清乾隆二十八年刻本）：

端阳，配艾符，饮雄黄酒。

《束鹿县志》（清嘉庆四年刻本):

五日，人各戴艾叶，食角黎；妇女多戴艾虎；儿童腕系彩丝，名“百岁索”。

《晋县志》(民国十六年石印本):

端阳节，人各戴艾叶，食角黍（俗名粽子），馈乡邻以敦和睦，祭瘟神防疫。

《晋县志料》（民国二十四年石印本）：

五月五，端阳节，家家门首插桃枝、艾叶，以避灾疫，无贵贱，皆食角黍。

《高邑县志》（民国三十年铅印本）：

端阳，插艾于门，家人食角黍。

《赵州志》(民国二十八年铅印本):

五日，贴门符，食角黍，戴艾叶。妇女簪艾虎，儿童佩五色丝。五日前，具角黍馈新嫁女。

《深泽县志》(民国二十五年重印清同治元年刻本)：

端午，饷角黍、相饷饮雄黄、蒲酒，簪艾叶，系朱符以避兵。儿童皆腕系彩线，名“百岁索”，城中人多游郊外，就桥柳为饮，谓之“插柳”。

《赞皇县志》（民国二十九年铅印本）：

端午，用苇叶裹黍为粽，插菖蒲、艾叶于户，饮蒲酒、雄黄酒。童子以五色线系背，谓之“百索”，即“长命缕”也。是日，亲友相馈送。

《元氏县志》(民国二十二年铅印本)：

五日，男女插艾，食角黍。以五色线系儿手足，曰“百岁索”。近日渐少。

《宣化县新志》(民国十一年铅印本)：

五日，为“天中节”。人家多植艾，或贴纸画虎、蝎，亲友多用角黍相馈送。

《怀来县志》（清光绪八年刻本）：

五日，饮雄黄酒，作角黍相馈遗。妇女戴艾符、艾虎，门上贴各式艾符，孩童系“长命缕”。

《张北县志》（民国二十四年铅印本）：

初五日，谓之“端阳节”。各家皆于门前或身上插蒲、艾，以禳不祥。各家食角黍，谓之粽子，祀祖先，并以馈送亲友。饮雄黄酒，以避五毒。各处扑蛤蟆，纳墨于腹内，可疗毒疮。各家赶节前，搬请出嫁之女吃粽子，节后再送回。

《保安州志》（清光绪三年重刻本)：

端阳，家悬葵艾，食角黍，饮菖蒲、雄黄酒。小儿系索、佩虎符，以解不祥。

《万全县志》（清道光十四年增刻乾隆十年本）：

五日，各家食角黍，或相馈送。妇女戴艾叶、艾虎，孩童背、腕系彩丝，名“百岁索”。

《万全县志》（民国二十三年铅印本）：

初五日，谓之“端阳节”，俗呼“端午”。家家于门前插蒲、艾，贴五雷天师符，以禳不祥，亦古者艾虎蒲剑之遗意也。各家皆于神前供角黍，俗名粽子。并以之祀祖先汉有用之馈送亲友者妇女以绫罗制小虎、桑葚、葫芦等类，以彩线串之，系于钗端，或缝于儿肩，人皆饮雄黄酒，并用之书王字于儿额，或涂耳鼻，或抹墙壁。取意皆在禳不祥，避毒虫。又有于是日捕蛤蟆，纳墨于其肠晒之，可疗毒疮，俗呼“蛤蟆墨”。

《永平府志》(清乾隆三十九年刻本)：

仲月五日，为“端午节”。比户插桃枝及蒲、艾，朱书“五月五日天中节，赤口白舌尽消灭”揭之楹户。泛菖蒲、朱砂酒，又以洒于屋隅，云避恶物。儿童颈、臂、胫、足系彩缯，名“百岁索”。戚里以角黍饷，男女姻家互馈，为“追节”。俗不竞渡，唯妇女群游城上以为乐。

《迁安县志》（民国二十年铅印本）：

五日，为“端阳节”，又名“天中节”。家家食角黍，饮雄黄酒，插艾于门窗等处。妇女则剪彩纸为葫芦形，帖门首。是日午前，妇女多游于河滨，谓之“走百病”。

《昌黎县志》（民国二十二铅印本）：

五日，为“端午节”，采艾叶偏插门旁，人各饮雄黄酒，以避恶，作角黍馈于亲朋家，以贺节。儿童颈、臂、胫、足系五彩线。并用碎缯作小荷包，初一日戴之，初五日去之，投于河中。

《遵化通志》（清光绪十二年刻本）：

五日，为“天中节”。悬符、插艾、簪榴，以菖蒲渍酒，雄黄涂耳鼻，用辟虫毒。以角黍并果酒馈遗为礼。小儿项各系彩，并垂金锡各钱、锁，曰“长命缕”。

《乐亭县志》（清光绪三年刻本）：

五日，比户插艾、悬帖纸葫芦。研雄黄入酒，萨而饮之，谓恶物不入口。俗不竞渡，馈角黍于亲朋，以贺节而已。儿童颈、臂、胫、足系彩丝，名“百岁索”，且避毒。

《滦州志》（清嘉庆十五年刻本）：

五日，为“端午节”。采艾草，遍置屋门及炕角，泛雄黄酒，饮而

涂屑于鼻、耳，以避恶物。作角黍，戚里或以相饷，妇女临河而游。旧志载，“由偏凉汀放船，箫鼓争喧，临流竞渡，至夕乃已。”今无。

《滦县志》（民国二十六年铅印本）：

初五日，门窗插艾，饮雄黄酒，作角黍，戚友或相馈赠。佣作辍功。儿童率用碎缯作小荷包，于初一日戴之，至是弃而投之河中。昔时“端午节”，各处庙会极盛。偏凉汀有小圣庙会，妇女游观者俱以舟，钗光衫影，滉漾水中；沿岸则急管繁弦，俳优演剧；旁列市肆，其热如蒸，几不知何处为清凉世界。唯松翠间有杰阁参差，嵌于崖隙，即偏凉虚阁也。好事者多于此行厨置酒，欢呼为乐，流连竟日始归。凡庙会以是月偏凉汀为最。近年端午节，四乡或有开庙会者，偏凉汀小圣唐会念余年不开办矣。

《新城县志》（民国二十四年铅印本）：

仲夏之月五日，插蒲、艾，以彩索系项背，啖角黍，饮菖蒲酒，采药苗。男女已结婚者，是日以仪物馈酬，谓之“追节”。

《沧县志》（民国二十二年铅印本):

“端阳节”，五月五日，门插艾枝，剪红纸葫芦粘门楣。红纸折叠成符，悬于衡。食角黍。然唯诗礼之家行之，农家无尚也。“长至节”，无所举行。

《东光县志》（清光绪十四年刻本）：

端午，悬艾于门，童稚系彩缕，饮雄黄酒，以角黍相馈遗。（按《辽史》曰：“五月重五日午时，采艾、种棉、著衣、进艾糕；以五彩丝为索缠臂，谓之‘合欢节’。”又《帝京景物略》云：“五月五日，渍酒以菖蒲，插门以艾，涂耳鼻以雄黄，曰避毒虫。家各悬五雷符，簪五象五端花草□今河间属下，于门首多剪红纸葫芦，以避瘟疫。”又《风土记》曰：“端午烹鹜，以菰叶裹粘米煮熟，谓之角黍。”又《岁时记》曰：“京师以端午为解粽节，叶长者胜，短者输酒。”《事文类聚》曰：“粽子名品甚多，形制不一，有角粽、锥粽、茭粽、筒粽、秤锤粽、九子粽、虎头粽等皆与今同。）

《交河县志》（民国五年刻本）：

五日，“端午节”。馈角黍，饮菖蒲酒，贴桃符，插艾，以五色线系儿女臂，以避毒。（旧志）（按《提要录》：“五月五日午时，为‘天中节’，或曰‘端午节’。”《开元遗事》：“宫中造粉团、角黍，以小角弓射之，中者得食。”《帝京景物略》：“以菖蒲渍酒，以避疫毒。”《续汉礼仪志》：“朱索、五色桃印为门户饰，以除恶气。”《岁时记》：“都人画张天师像，置于门上，抱朴子作赤灵符著心前。”《荆楚记》以为即今钗头符是也。又“以艾为虎形或剪彩为小虎以戴之；又采艾结为人悬门户上，禳毒气。”《风俗通》：“以五彩丝系臂，避鬼及兵。”）

《南皮县志》（光绪十四年刻本）：

“端午”，男女皆佩艾叶、朱符，户插艾枝，以避五毒。小儿以彩线系背，谓之“续命”。以竹叶裹黍箱作稼，亦名“角黍”。亲友交馈或延客，谓之“解粽”。

《南皮县志》（民国二十二年铅印本）：

“端午”，门首贴朱符、插艾枝，以避五毒。小儿以彩线系背，谓之“续命”。以竹叶裹黍糯作粽，亦名角黍。亲友交馈，或延客食雄黄酒。

《任邱县志》(清乾隆二十七年刻本)：

“端阳”，隆师放学，逆女，追节。食角黍，饮菖蒲酒，插符艾，系长命缕。

《献县志》(清乾隆二十六年刻本)：

五月，里巷馈以角黍。饮酒雄黄酒，插蒲艾。女子簪彩胜、艾虎，系五色丝，剪纸为葫芦形著于户。

《衡水县志》(清乾隆三十二年刻本)：

“端午”，插符艾，食角黍，饮菖蒲酒；以彩绳系小儿项、背及四肢，名曰“百岁索”。

《景州志》(清乾隆十年刻本)：

五日，食角黍，饮菖蒲酒，插符、文，系五色线，隆师，逆女追节。

《枣强县志》(清嘉庆九年刻本)：

“端年”，书门符、悬艾虎、饮菖清酒。以彩线系儿童手足，曰

“续命”，又曰“百岁索”。以糯米裹角黍，亲友交馈，曰“解粽”。寻蛤蟆，噙墨备涂疮肿，并蟾酥合药。

《深州风土记》(清光绪二十六年文端书院刻本)：

五日，名“端午节”。食角黍，饮菖蒲、雄黄酒。贴门符，悬艾，丝缕系臂。(《岁时记》，“以艾为虎形，成剪彩为虎，粘艾叶戴之，以解毒气。”)

《安平县志》(清康熙二十六年刻本)：

五日，食角黍，饮菖蒲、雄黄酒。插符艾，丝缕系臂。隆师，逆女。

《武强县志》（道光十一年刻本）：

五日，曰“天中节”。贴门符，悬艾虎，解角黍，饮菖蒲及雄黄酒。是日，隆师、逆女或往婿家追节。又用五色线系小儿足、臂及项，取其易养。

《武邑县志》（清同治十一年刻本）：

五日，为“端午节”。书门符，悬艾虎，食角黍，饮雄黄、菖蒲酒。

《广平府志》（清乾隆十年刻本）：

五日，妇人簪艾虎，儿童手足系彩缕。亲朋馈角黍、油馃之属。饮雄黄、菖蒲酒，又采艾，以备熏灸。

《广平府志》（光绪二十年刻本）：

夏五月“端阳”，门插艾，儿戴五色彩索，涂雄黄于发际、耳、鼻，戴香囊于项下。亲友馈角黍，饮雄黄、菖蒲酒。

《大名府志》（清咸丰三年刻本）：

“端午节”，门插蒲、艾，食角黍，饮雄黄酒，以避五毒。妇女簪符于髻，以避邪恶。以彩线系儿臂，名曰“长命缕”。午时采药，疗百病。

《大名县志》（清乾隆五十四年刻本）：

“端午”，门插蒲、艾，食角黍，饮雄黄酒。妇女簪符于髻，以为辟邪。系儿以彩线，曰“长命缕”。

《大名县志》（民国二十三年铅印本）：

“端午节”，门插蒲、艾，食角黍，俗名“粽子”。饮雄黄酒。妇女簪符于髻，以避邪恶。用彩线系小二臂，曰“长命缕”。午时采药，疗百病。

《元城县志》（清同治十一年刻本）：

“端午节”，门插蒲、艾，食角黍，饮雄黄酒。妇女簪符于髻，以避邪恶。以彩线系小儿臂，名曰“长命缕”。

《邯郸县志》（清乾隆二十一年刻本）：

夏“端阳”，白团、角黍之类大略相同。

《永年县志》（清光绪三年刻本）：

五日，门插艾，儿带五色彩索，亲友馈角黍、白团，饮雄黄酒、菖蒲酒。

《曲周县志》（清乾隆十二年刻本）：

五日，采艾备熏灸，饮雄黄酒，解五毒。以角黍、白团相馈遗。妇女襞彩帛为符、裁小囊置朱砂佩之，簪艾作茧虎。小儿女系五色线于手足。

《成安县志》（民国二十年铅印本）：

旧五月五日，家家门插艾，亲友馈角黍，饮雄黄、菖蒲酒。

《鸡泽县志》（清乾隆三十一年增刻二十年本）：

五日，互馈角黍，饮菖蒲、雄黄酒，解百毒。簪艾虎，戴避兵符。男女系五色线于手足，曰“续命缕”。

《邱县志》（民国二十二年铅印本）：

五日，食角黍，贴神符，悬艾虎。儿童臂系丝。饮菖蒲、雄黄酒。

《肥乡县志》（民国二十九年铅印本）：

“端午”，馈角黍、白团，簪艾叶。以五色丝系小儿女手足。饮雄黄、菖蒲酒。取蛤蟆噙京墨，阴干涂毒疮。

《尉氏县志》（一九六三年上海古籍书店据宁波天一阁藏明嘉靖刻本影印）：

五月五日，门前悬艾，人各簪鬓，饮菖蒲酒。县宰下教场校武艺，射柳。有宴生徒，皆有仪物以酬师。家家以衣物、果品遗女家，如女未嫁，则男家行礼如之，皆谓之“追节”。又家家为角黍相遗。其日午时，采百草为药并贴符禁。又以彩索系孩童臂间，厌胜也。

《祥符县志》（清乾隆四年刻本）：

五月五日曰中天节。阃司张筵于演武堂，谓之“踏柳”。家各贴纸灵符于堂，悬泥天师于户，插门以艾，铺榻以蒲。当午，啖角黍，饮砂、黄、菖蒲酒。

《辉县志》（清乾隆二十二年刻本）：

五月五日为端阳节。门前插艾，或戴之以避蛇螫。食角黍，饮雄黄酒。或以角黍相赠，男女婚姻杂以仪物，谓之“追节”。过此日则六月六日亦为之。

《郑县志》（民国五年刻本）：

五月五日，端午为中天节。人家包黍角为粽，束以五色彩丝，或以蒲艾、通草雕刻天师驭虎像于盘中，围以五色蒲叶，剪皮金为百虫之像铺陈其上，葵榴艾叶攒簇华丽，互相馈送。僧道以经筒轮子、避瘟灵符分送伐阅。医家亦以香囊、雄黄酒送于常所往来之家。人家买葵榴、蒲艾植之堂中，标以五色花纸，贴天师或虎蝎之像，或朱书“五月五日中天节，赤口白舌尽消灭。”之句揭之楹间；或采百草以制药品，觅虾蟆以取蟾酥，书“仪方”二字倒贴于楹，以辟蛇虺。

《商水县志》（民国七年刻本）：

五月五日为端阳节。食角黍及糖糕之类，饮菖蒲、雄黄酒，悬艾虎，门首插艾。幼者系百索于颈，或以五色丝系腕，俗言“续命丝”。

旦起，以雄黄涂小儿手足、七窍，曰避虫毒。有取虾蟆置墨口中晒干，磨涂疗肿毒。亲戚多于是日馈节，用角黍、糖糕、果品之类，城镇子弟多于是日馈其师。是日，周滨渡头以五色纸作龙形置小船上，谓之“龙舟”，荡漾中流，往来游歌。岸上百戏杂陈，游人如蚁。士女彩船首尾衔接，纨绔子弟以鸭投水，名曰“赏标”，龙舟奋力抢夺，作为欢笑，颇近太平景象。唯男女混杂，良莠不分，素有家教者亦纵妇女往观，此风俗之患也。

《阳武县志》（民国二十五年铅印本）：

五月五日为端阳节，神前供艾，门上插艾，男女佩艾，如清明插柳故事，说者谓吊屈原也。堂上悬天师、判官像，或纸画虎蝎毒物贴之。日未出，采树叶作茶，采百草制药品，或觅虾蟆取蟾酥。日午，饮雄黄酒，避五毒。是日，家家食角黍，互相馈遗。是日之艾宜久蓄，以灸最良。

《重修成都县志》（清同治十二年刻本）：

五日，谓之“端阳节”。人家悬艾叶、菖蒲于门，以箬裹糯米为角黍以相馈送，大雄黄酒。小儿佩彩丝、香囊。

《华阳县志》（清嘉庆二十一年刻本）：

（五月）五日，俗谓之“端阳”。饮雄黄酒，食角黍及咸杬子。悬蒲、艾于门。剪彩为五毒虫形，缀小儿衣。刺绣为囊，曰“香包”。竞渡，曰“划龙船”。肆中卖药、鬻香者甚夥。

十五日，俗谓之“大端阳”，饮食如五日。（《溪蛮丛谈》：“爬船重午竞渡，既望复出，谓之大十五。”）

《华阳县志》（民国二十三年刻本）：

五日，俗谓之“端阳节”。人家饮雄黄酒，食粽子、盐鳚，悬蒲、艾于门。女子佩绣囊，曰“香包”。小儿衣缀彩扎虎、猴等物，云可辟除邪秽。锦江中作龙舟竞渡诸戏，有乘彩舫上下玩赏者，有在岸上来往游眺者。

《金堂县志》(清道光二十四年杨得质补刻本)：

初五日为“龙舟会”。士女皆泛菖蒲、雄黄酒，悬蒲、艾于门以辟邪。亲友咸以角黍相馈遗，近水居民则为龙舟竞渡。相传屈原以是日沉江，故为角黍、龙舟以吊之。

《长寿县志》(民国十七年石印本)：

“端节”，家家皆悬蒲艾于门，饮雄黄酒，吃粽子(古称角黍)。临江街市，龙舟竞渡，观者如堵，亦有掉小船与之上下，谓之“游江”。箫鼓饮酒，悬彩于竿，龙舟水手皆惯泅泆不畏水，随波起伏，奋勇争先，亦间有沉没不起者。

《巴县志》（清同治六年刻本）：

五日为“天中节”。家家饮雄黄酒，插蒲艾于门。日午游郊外，取百草煎汤澡身，曰辟毒。剪彩组织五毒物，并纱囊系小儿衣背上，曰辟

兵。至设角黍，闹龙舟，吊屈平，楚俗也。蜀楚接壤，亦如之。

《綦江县志》(清道光六年刻本)：

五日为“天中节”，俗曰“端午”，一曰“端阳”。家家饮雄黄酒，插艾叶、菖蒲于门，箬叶裹糯米为粽，剪彩组织五毒物，并砂囊悬小儿衣背，以雄黄酒擦小儿面，曰避牌兵、避蚊虻。江上作龙舟竞渡，午后市中闭铺，群往观之。

《新津县志》（清道光九年刻本）：

五日，包角黍，悬蒲剑、艾虎于门，饮雄黄酒，城南竞渡。

《奉节县志》（清光绪十九年刻本）：

“端午”，屈原于夔为乡贤，故于此节馈角黍并龙舟竞渡之戏，岁以为常。

《云阳县志》（清咸丰四年刻本）：

“端午”，民家悬菖蒲、艾枝于门，以禳毒气;饮雄黄酒以避疫。亲友以角黍相馈，即吊屈原之遗制。又有朱书于门曰:“五月五日午，天师骑艾虎。赤口归天堂，百毒入地府。”皆避恶迎祥意也。是日，有龙舟之戏，倾城士女出观。

《黎平府志》（清光绪十八年刻本）：

“端年节”，家以箬叶裹糯米为粽，饮雄黄、菖蒲酒，悬艾技、蒲剑于门。以五色线合为绳，系小儿四肢，名曰“百岁索”。以雄黄抹小儿面及手足心，可以避疫、避蚊。正午时，造药茶、雄黄油最妙。

《历城县志》（民国二十九年影抄本）：

仲夏月“午日”，书门符，悬艾虎，系彩丝，黍角相馈。士大夫携酒泛舟，作折筒饮，即小民亦携一壶，剧饮树下。

《商河县志》（清道光十六年刻本）：

五日为“端阳”，亦名“天中节”。戴彩符、艾虎，书门符，摘艾于户，以彩线造百索。以竹叶裹黍糯作粽，亦名角黍，亲友相馈遗。饮菖蒲、雄黄酒，又雄黄酒洒墙壁，以辟五毒。午时，采百草为膏，以墨置虾蟆口，疗诸毒。

《宁津县志》（清光绪二十六年刻本）：

“端午”，悬艾于门，童稚系彩缕，饮雄黄酒，以角黍相馈遗。

《无锡金匮县志》(清嘉庆十八年刻本)：

“午日”，比户裹角黍，屑蒲根、雄黄和酒饮之。堂户粘朱符，爇蓬艾以驱毒物。妇女剪彩为人大如豆，谓之“健人”，又刻茧虎，以细为能，杂符艾而簪之。是月之初，即倾城出观竞渡龙舟，午集迎湖馆下。

《江阴县志》（清道光二十年刻本）：

午日，泛蒲觞，食角黍。门悬艾符，妇女簪茧虎、彩胜。龙舟竞渡，南自五云桥，北抵闸口，画舫空歌，中流间作，不及郡城什一也。

《常州府志》（清康熙三十四年刻本）：

五日，比户皆裹角黍，折蒲艾，饮雄黄酒，朱符粘于门及堂奥，烧辟瘟丹。舟人绘画龙舟，竖旗帜，鸣金鼓为竞渡之戏，自朔日至“午日”而止，互相斗技。

《东台县志》（清嘉庆二十一年刻本）：

“端午”，悬艾、菖蒲、辟邪符，儿童系五色丝于手足，佩茧虎，角黍相饷赏。午饮雄黄、蒲酒。

《奉化县志》（清乾隆三十八年刻本）：

“端午”，取菖蒲及艾插门户，或系以彩绳佩于身，为衣香置之箧笥。少儿以茧作虎，剪彩作健人戴之。饮雄黄酒，制角黍、荷花糕祀其先，亲戚各相馈遗。

《直隶志书》（以下方志资料来源于《古今图书集成·端午部》）：

宛平县：五月五日，家悬五雷符，插门以艾，幼女佩纸符，簪榴花，曰：女儿节。是日午，具角黍，渍菖蒲酒，阖家饮食之。以雄黄涂耳鼻，取避虫毒之义也。天坛墙下走马为戏，群竞观焉。金鱼池、草桥、聚水潭皆有树荫，可坐醵饮，相望不绝。

良乡县：五月五日，泛菖蒲酒，悬符艾，食角黍，用雄黄硃砂涂小儿耳鼻，更用五色绒为续命索，系手足并颈，士民或踏青郊外，临流称觞相娱。

通州：端午节，男女于郊原，采百草，相斗赌饮。

文安县：五月五日，天中节，揭纸画虎蝎，或天师像于壁，捉蟆取蟾酥，采百草制药。

遵化州：天中日，作角黍，并以果酒馈遗为礼，小儿项各系彩缯，并垂金锡，若钱锁，曰长命缕。

平谷县：五月端午节，遇天旱，妇人群聚洗箕于河干，以求雨泽。

永平府：仲夏月，端午，置葵榴堂中，悬艾虎，辟瘟，朱书五月五日天中节，赤口白舌尽消灭。揭之楹户，僧道以辟恶灵符分送檀越，医家以香囊、雄黄、乌发、香油送所往来家，而揭符于门，采百草，制药，汤沐，泛菖蒲硃砂酒，云饮之，恶物不入口。儿童颈、臂、胫、足系彩缯，云辟毒，名百岁索。俗不竞渡，或斗百草，赌饮而已。戚里以角黍饷，男女姻家互馈为追节。

滦州：仲夏之月，五日，男女许聘，互馈祀小圣。竞渡由偏凉汀渡口放船，箫鼓争喧，流连至夕乃已。

河间府：重午日，喜薄阴，大晴主水，雨主丝贵，俱所忌也。

冀州：五月端午，男女戴艾叶于项、耳，曰去疾。童幼系百索于项、腕，曰虫不螫。女家置夏衣，及酒醴往婿家，曰追节。

赵州：五月五日贴门符，食角粽，男戴艾叶，女簪艾虎，有司会士夫诣南乡，举觞游咏名，曰踏柳。

《山东志书》：

邹平县：端午，晨起，饮银醪一杯，俗谓，辟邪。以粽，海鱼王负，刍亲友相饷遗。

诸城县：五月五日，取生虾蟆，以京墨填入其腹，挂于阴处，干之，儿童患疖腮者，以神醋研墨，浓汁涂之瘥。

登州府：端午，军校礼禇柳于教场，立彩门，悬葫鸽于上，走马射之，中葫，则鸽飞，谓之演柳。间一行之。

《山西志书》：

解州：端午，男女带艾叶，曰：去疾。幼者系百索于项，曰：为屈原缚蛟龙。

隰州：端午，各村祭龙王，田园挂纸。

潞安府：端阳，以麦面为白团，与角黍相馈送，妇女剪彩缕金，为花草鸟虫，相问遗。

《陕西志书》：

兴安州：端阳，官长率僚属，观竞渡，谓之踏石。

平凉府：端午昧爽，剪艾，画五毒，采百药，造曲。轻服轿马，游观。士女布于泾滨，暮方已。群赏芍药，五色十子，刺梅以蜜饴，收遗花。

《江南志书》：

江宁县：五月五日，庭悬道士硃符，人戴佩五色绒线符，牌门户以缕系，独蒜，及以彩帛通草制五毒：虫、虎、蝎、蜘蛛、蜈蚣，蟠缀于大艾叶上，悬于门，又以桃核刻作人物佩之。

吴县：端阳前五日，贵贱长幼乘槎舣，泊沙盆潭，长船湾胥江，观竞渡。

嘉定县：端午为天中节，食角黍，俗呼粽子，饮雄黄菖蒲酒，又遍喷门户、墙壁间。虽贫家，必买石首鱼，烹食，俗呼鳇鱼，在学前汇龙潭，看龙船。男女夹岸，舣舟饮宴，好事者以鹅鸭投水，龙船人号水手，跃出船，入水，随鹅鸭出没，争得以为豪。

松江府：五月朔日贴门符，五日妇人制彩缯为人形，插之于髻，名曰：健人。是日观龙舟，竞渡于白龙潭。

武进县：午日船户彩画龙舟，建旗帜，鸣金鼓，为竞渡之戏。自朔日起，至午日止，互相角胜，斗捷夸长。士民争龙舟于白云渡，观者殆如堵焉。近日又有夜龙舟之戏，四面各垂小灯竞渡，如白日，好事者以箫鼓歌声相之，致足乐也。

清河县：端午，插艾戴艾，妇饰新茧为虎，以缀钗头，谓之艾虎。以青蒻裹糯为粽，相馈遗。饮菖蒲雄黄酒，以辟恶。是时，漕艘过淮，多为龙船，竞渡于大河急流中，旗鼓上下，戏水如驶，亦一日浏览之胜。

扬州府：端午解粽，妇女以葵榴艾叶杂花，簪髻，午则弃之，残花满道。自朔至午日，广陵涛龙舟竞渡，士女游人环聚而观。贸易者，为

之罢市。

怀宁县：五月五日，人家各以菖蒲艾叶悬门户，小儿以雄黄硃砂点额，羽士用五色纸折符牌缝小儿衣背上，妇女系五彩丝于臂，云辟兵疫。习水者，制龙舟，竞渡于江，轻疾如飞，岸上观者如堵。临水台榭楼阁，少长咸集，置酒纵观。亦有坐轻舠画船，结彩为饰，中流箫鼓，与龙舟上下者。皆极欢而罢。暮以色线缚角黍投之江中，以祠三闾大夫。城市乡村，皆家饮菖蒲雄黄酒。又日晡时，妇人以水浸残花，掷街头，云送赤眼神。

太湖县：五月五日，土人制龙舟，竞渡于龙潭，好事者，多于两岸间，插锦标，争夺为喧笑。是日士女盛服靓妆，结彩棚帐，纵观于龙山之巅，乐饮而归。

巢县：五月五日端阳节，龙舟之戏，因屈子沉江以五月五日，楚人思之，故于是日投食以祭，恐为鱼虾所夺，乃作舟象龙形，鼓乐喧阗，而投角黍于水中。巢旧楚地，故立竞渡庙，于东方河浒而塑屈原像于中扁，曰：三闾祠。以原尝掌王族三姓，为三闾大夫。三姓者，昭、屈、景也。今临河悉为民居，而祠尚存。每岁于孟夏月望后三日，祀水神，造龙舟，各坊一艘，各异色，舟大小不等，色忌白。相传以用白而没。至五月朔，迎会中偶神人舟，每舟集少壮数十人，穿号衣，列帜如舟色，击鼓奋楫，踊跃争先。士民竞结棚幔于舟，饰以彩，或双舟连结，下作平盘，上造彩架，舟首多载盆景，挟箫管乐妓，集亲朋宴饮，嬉游从流，上下五日而止。

《浙江志书》：

杭州府：五月端午，门贴五色花纸，堂设天师像，梁悬符篆，竞以角黍五彩丝相馈遗，家种葵花一本，旁植艾叶菖蒲，饮雄黄酒。祀神享先毕，各至河干湖上，以观竞渡，龙舟多至数十艘，岸上人如蚁。画船非贵游，不得觅。一渔艇索钱盈千，钗头符胜备极工巧，攒绣仙、佛、禽、鸟、鱼、虫、猛兽之形，绉纱蜘蛛，绮縠麟、凤、茧、虎、绒蛇，难以名述，近日半山龙舟争盛诸坝，各埠俱于朔日，奔赴，游人杂沓不减湖中。

海宁县：五月五为天中节，武弁集演武场，行射柳事。

诸暨县：端午，小儿系五色线于臂，名曰健线。

天台县：端午，用菖蒲雄黄泛酒，速客，谓之泛菖蒲。

桐庐县：五月五日，乡塾之童蒙，稍具礼于师长，谓之衣丝。医家咸于午时采药，相传此日天医星临空门也。

《江西志书》：

建昌府：端午，用百草水浴，谓不生疥，观竞渡，好事家持酒肉劳之，谓之赏标。

金谿县：自汨罗竞渡，相习成风，人无异俗，独谿邑龙舟谢波。

臣之劳荡，以人力，使临深者变为登高，千古奇观，难以名状。考其船制，修丈有六尺，广四尺许，博三尺绘，以龙文，泛海之槎，高峙其四横，以木板，人立其上，有力者负之而趋，以游三市。每岁孟夏，出舟于通衢，至五月朔始迎鬼船。当建治之初，遇堪舆杨院使者，以县治之对二山如舟，恐豁民无安土之乐，故设此以禳之。今仍其俗鬼船，用七人皆被朱衣，一人三头六臂，秉斧钺于前，一人居中位最高，金冠赤面，其次二人并立，青面秃角，目光如炬，各执色旗书，迎祥集福字，一人状如行者，手摇飘带，跳跃于梢。此五人者，皆舟中之怪，小鬼鸣金，判官伐鼓，按节以送之，回则竞为得胜之声。至三日则有正船，皆古今传奇。高者几五丈，有凌霄之意。天中之节，尤极其盛，聚而观者，几数万人。有谈笑者，有嚬蹙而睨者，有俯首而不敢视者。然载瞻其上，飘飘乎若羽化而登仙焉。及其下而问之，则曰：予目与云平，飞鸟遶其膝，时闻惊风波涛之声，如有神助，是以不惧。至七日，多传降魔伏怪之奇，以斩其缆，藏舟于庙，以成岁功。

新昌县：五月五日，屑雄黄丹砂置酒中，同啜之，谓之开聋。

《湖广志书》：

德安府：午日造龙舟，角黍，以吊屈原。俗误为禳时令，故敛赀以醮，后则聚饮方散。女未字者，婿家送花币果羹，曰：贺节。女家酬亦如之。然先数日举行，不拘午日也。

云梦县：五月五日，赛龙舟，因邑河水浅，作旱龙缚竹为之，剪五色绫缎为鳞甲，设层楼飞阁于其脊，缀以翡翠文锦，中塑忠臣屈原，孝女曹娥。俗称娥为游江女娘，及瘟司水神像，蟒袍锦带，珠冠剑佩，傍列水手十余，装束整丽，择日出行。金鼓箫板，旗帜济济，导龙而游，曰：迎船。好事者，取传奇中古事，扮肖人物，极其诡丽，用铁干撑之，空中前后轮转，宛若半仙之戏，彼此角胜。自前月廿外至此日，无日不然，次日用牲牢，酒体，角黍，时果，祭之，极其敬畏，又以茶米楮币实仓中，若饯赆然，仍如前仪导，送水涯合炬焚之，曰送船。

应山县：端午，閈里纸竹为龙舟，作醮事，曰：平康醮。

黄冈县：端午，团风，巴河镇迎会，傩人花冠、文身、鸣金、逐疫。

江陵县：端午，取菖蒲，生山涧中，一寸九节者，或镂，或屑，泛酒以辟瘟气。

攸县：五月五日，门悬艾虎，辟五兵也，江嬉水马，吊三闾也。士女鼓吹，幔彩于船，逐龙舟上下，以为乐，孕妇家，富者用花币酒食，贫者鸡酒，以竹夹楮钱，标于龙首，祈易产也。

岳州府：端午，罢市竞渡，以为禳灾疾病，就水际设盘祀神，酒肉犒鼓，櫂者或为草船泛之，谓之送瘟。

鄠县：端午，角黍传送，谓之探节。

祁阳县：五月五日，作枭羹，以其恶鸟，故以五月五日食之。苏颍

滨帖子云：百官却拜，枭羹赐凶，去方知舜，有功古重。枭炙，盖欲去其类，则民间有然矣。不必大官之赐。

《福建志书》：

福州府：端午，插艾，五日天未明，采艾插户上，以禳毒气，亦有结艾为人者，与荆楚同。乡村或采楝木叶插之，父老相传，可以禁蚊。系五色丝线，旧传三闾大夫语：人五色丝，蛟龙所畏。故是日，长幼悉以五色丝系臂，一名长命缕，一名续命缕。父老相传，可以辟蛇。至七夕始解，弃之。妇女竞插花，榴花为多，亦喜梧桐。饮菖蒲。李彤《四序总要》云：五日，妇礼，上续寿菖蒲酒。以《本草》云：菖蒲可以延年。今州人是日饮之，名曰饮续。角黍，楚人是日以竹筒贮米，祭屈原，名筒粽。四方相传，皆以为节物。今州人以大竹叶裹米，为角黍，亦有为方粽，以相馈遗。旧俗妇礼，是日上续寿衣服、鞋履、团粽、扇子、菖蒲酒，今时盖鲜行之矣。竞渡，楚人以吊屈原，后四方以为故事。是日，竞渡以为戏，州南台江沿内诸河，皆龙舟鼓楫，钲鼓喧鸣，彩服鲜衣，共斗轻驶。士女观者，或乘潮解纤，或置酒临流，或缘堤夹岸，骈首争观，竟日乃归。

建阳县：五日，为药王晒药囊日，人家作酱。

上杭县：五月五日，用小艇缚芦苇作龙形，群戏水次，谓之竞渡。

仙游县：端午，竞渡，将晚，各献纸于虎啸潭，以吊嘉靖癸亥年戚公溺兵，亦傚屈原意也。

邵武府：五月五日节前，妇人以绛纱为囊盛符，又以五色绒作方，胜绣蔬蒜艾虎之属，联以彩线，系于钗上，幼女则悬之于背，呼为窦娘。

诏安县：端午日，唐将军裨将祀于诏者，社中人鼓吹具仪，各导其神，觐于将军之庙，谓之贡王。海上飓信，是日系大飓，旬为屈原飓。

《广东志书》：

从化县：五月五日，至午，烧符水，洗手眼，弃于道上，谓之送灾难。是时再播种。

南雄府：天中节，以灯火爆婴儿腹，云除疾。又以银硃书白字，倒粘墙壁间，驱蚊蝇。是日搬茅船，舁天符神，压船，送河，云遣瘟。金鼓殷雷，齐唱船歌，闻阁如此。

新兴县：端午，各就其近属神祠，鼓吹迎导，巡历人家，师巫法水贴符，驱逐邪魅。

石城县：五月自一日至五日，童子以风筝为戏，谓之放殃。偶线断落，其屋舍必破碎之，以为不祥。

琼州府：唱饮，其家先密作歌句，以帕结之，悬龙座前，独露韵脚一字，俾会中人度韵凑歌，得中句中字多寡，以钱扇如数酬之。至五日各村迎龙会，于大溪划船，夺标，两岸聚观。

三、端午艺文

1. 五丝续宝命赋　唐阙名

半夏生，木槿荣。时五月，鶪始鸣。楝叶结，彩丝萦。祭彼三闾，蛟龙不窃。祭之水曰汨罗，祭之日曰端午。情既本乎楚俗，奉又告乎寿缕。寿缕其娜，色丝五紽。色丝何始，金闺之子。画嘉鞶于青蛾，发宜笑之皓齿。国风既哀其窈窕，家事讵忘乎丝枲。别有恩从天上，飞入宫中，二八春日，十五玉童。谁其尸之，奉苹藻于清庙。何彼秾矣，司衣裳于圣躬。洎天子御絺之日，后妃献茧之时。颜是渥丹，对回鸾之十字。手如振素，盘续命之五丝。其五丝也，薰绿轻重，兰红浅深，皎皎而有莺其领，采采而亦翠其衿。既比方而一色，又条畅乎数寻。观其发齐万计，花柔四艳，宛委虬盘，张皇虹直。植其鹭羽，杂之而夺其鲜。对彼凤毛，久之而寡其色。别有金华别殿，钩弋靓妆。褰开筐筥，贡奉君王。懿寿丝之礼大，续宝命之天长。衮冕绂班，荣寿丝以成锦。游缨锡美，比寿丝以无疆。错以五采，准日以符节也。综以万绪，盈数以尊寿也。龙烂蛇伸，光气腾腾，以御邪也。瑞等乾坤，拜启献也。汪秽霑止，其兵碎也。不待万岁蟾蜍，其理疾也。岂藉单衣龙子，四海销夭札之疠，百姓登仁寿之祉。微臣敢问天宝之建元，则曰甘露黄龙之年纪。

2. 端午部艺文二（诗词）

五日望采拾　梁王筠

裁缝逗早夏，点画守初晨。绡纨既妍媚，脂粉亦香新。

长丝表良节，命缕应嘉辰。结芦同楚客，采艾异诗人。

折花竞鲜彩，拭露染芳津。含娇起斜盼，敛笑动微嚬。

献珰依洛浦，怀珮似江滨。须待恩光接，中夜奉衣巾。

3. 五日　北齐魏收

麦凉殊未毕，蜩鸣早欲闻。喧林尚黄鸟，浮天已白云。

辟兵书鬼字，神印题灵文。因想苍梧郡，兹日祀东君。

4. 端午三殿宴群臣探得神字（并序）　唐李隆基

律中蕤宾，献酬之象着。火在盛德，文明之义燀。故以式宴陈诗，上和下畅者也。朕宵衣旰食，辑声教于万方。卜战行师，总兵钤于四海。勤贪日给，忧忘心劳。闻蝉声而悟物变，见槿花而惊候改。所赖济济朝廷，视成鹓鹭，桓桓边塞，责办熊罴。喜麦秋之有登，玩梅夏之无事。时雨近霁，西郊靃靡而一色。炎云作峰，南山嵯峨而异势。正当召儒，雅宴高明，广殿肃而清气生，列树深而长风至。厨人尝散热之馔酒，正行逃暑之饮。庖捐恶鸟，俎献肥龟，新筒裹练，香芦角黍。恭俭

之仪，有序慈惠之意。溥洽讽味，黄老致息心于真妙。抑扬游夏，涤烦想于诗书。超然元览，自足为乐。何止柏枕桃门，验方术于经记，彩花命缕，观问遗于风俗。感婆娑于孝女，悯枯槁之忠臣而已哉。叹节气之循环，美君臣之相乐。凡百在会，咸可赋诗。五言纪其日端，七韵成其火数。岂独汉武之殿盛，朝士之连章，魏文之台壮，辞人之并作云尔：

五月符天数，五音调夏钧。旧来传五日，无事不称神。

穴枕通灵气长丝续。命人。四时花竞巧，九子粽争新。

方殿临华节，圆官宴雅臣。进对一言重，遒文六义陈。

股肱良足咏，风化可还淳。

5. 端午　李隆基

端午临中夏，时清日复长。盐梅已佐鼎，曲蘖且传觞。

事古人留迹，年深缕积长。当轩知槿茂，向水觉芦香。

亿兆同归寿，群公共保昌。忠贞如不替，贻厥后昆芳。

6. 端午三殿侍宴应制探得鱼字　张说

小暑夏弦应，徽音商管初。愿赍长命缕，来续大恩余。

三殿褰珠箔，群官上玉除。助阳尝麦彘，顺节进龟鱼。

甘露垂天酒，芝花捧御书。合丹同蝘蜓，灰骨共蟾蜍。

今日伤蛇意，衔珠遂阙如。

7. 岳州观竞渡　张说

画作飞凫艇，双双竞拂流。低装山色变，急棹水华浮。

土尚三闾俗，江传二女游。齐歌迎孟姥，独舞送阳侯。

鼓发南湖溠，标争西驿楼。并驱常诧速，非畏日光遒。

8. 官庄池观竞渡　储光羲

落日吹箫管，清池发櫂歌。船争先后渡，岸激去来波。

水叶藏鱼鸟，林花间绮罗。踟蹰仙女处，犹似望天河。

9. 端午日恩赐百索　窦叔向

仙宫长命缕，端午降殊私。事盛蛟龙见，恩深犬马知。

余生倘可续，终冀答明时。

10. 端午日恩赐百索　窦叔向

仙宫长命缕，端午降殊私。事盛蛟龙见，恩深犬马知。

余生倘可续，终冀答明时。

11. 竞渡歌 张建封

五月五日天晴明，杨花绕江啼晓莺。使君未出郡斋外。江上早闻齐和声，使君出时皆有准。马前已被红旗引，两岸罗衣扑鼻香。银钗照日如霜刃，鼓声三下红旗开。两龙跃出浮水来，櫂影斡波飞万剑。鼓声劈浪鸣千雷，鼓声渐急标将近。两龙望标目如瞬，坡上人呼霹雳惊，竿头彩挂虹蜺晕。前船抢水已得标，后船失势空挥桡。疮眉血首争不定，输案一明心似烧。只将输赢分罚赏，两岸十舟互来往。须臾戏罢各东西，竟脱文身请书上。吾今细观竞渡儿，何殊当路权相持。不思得岸各休去，会到摧舟折楫时。

12. 权德舆。

端午日，礼部宿斋，有衣服彩结之贶，以诗还答。

良辰当五日，偕老祝千年。

彩缕同心丽，轻裾映体鲜。

寂寥斋画省，款曲擘香笺。

更想传觞处，孙孩遍目前。

13. 端午日伏蒙内侍赐晨服 杨巨源

彩缕纤仍丽，凌风卷复开。

方应五日至，应自九天来。

在笥清光发，当轩暑气回。

遥知及时节，刀尺火云催。

14. 端午日　殷尧藩

少年佳节倍多情，老去谁知感慨生。

不效艾符趋习俗，但祈蒲酒话升平。

鬓丝日日添头白，榴锦年年照眼明。

千载贤愚同瞬息，几人湮没几垂名。

15. 及第后江陵观竞渡寄袁州刺史成应元　卢肇

石溪久住思端午，馆驿楼前看发机。

鼙鼓动时雷隐隐，兽头凌处雪微微。

冲波突出人齐喊，跃浪争先鸟退飞。

向道是龙刚不信，果然夺得锦标归。

16. 宫词　　花蕊夫人徐氏

端午生衣进御床，赭黄罗帕覆金箱。

美人捧入南薰殿，玉腕斜封彩缕长。

17. 端午阁帖子　章得象

清晓会披香，朱丝续命长。

一丝增一岁，万缕献君王。

18. 皇帝阁端午帖子词　欧阳修

舜舞来遐俗，尧仁洽九区。

五兵消以德，何用赤灵符。

19. 皇后阁端午帖子词　欧阳修

茧馆覆柔桑，新丝引更长。

纫为五色缕，续寿献君王。

20. 前题　欧阳修

烟含玉树风生细，日永宫花漏出迟。

深殿未尝知暑气，水精帘覆砌琉璃。

21. 端午游真如迟适远从子由在酒局　欧阳修

一与子由别，却数七端午。身随彩丝系，心与昌歜苦。

今年匹马来，佳节日夜数。儿童喜我至，典衣具鸡黍。

水饼既怀乡，饭筒仍愍楚。谓言必一醉，快作西川语。

宁知是官身，糟曲同薰煮。独携三子出，古刹访禅祖。

高谭付梁罗，诗律到阿虎。归来一调笑，慰此长龃龉。

22. 竹枝歌　范成大

五月五日岚气开，南门竞船争看来。

云安酒浓曲米贱，家家扶得醉人回。

23. 重午　陆游

叶底榴花蹙绛缯，街头初卖苑池冰。

世间各自有时节，萧艾着冠称道陵。

24. 重五　陆游

重五山村好，榴花忽已繁。

粽包分两髻，艾束着危冠。

旧俗方储药，羸躯亦点丹。

日斜吾事毕，一笑向杯盘。

25. 扬州端午呈赵帅　戴复古

榴花角黍斗时新，今日谁家不酒樽。
堪笑江湖阻风客，却随蒿艾上朱门。

26. 端午竞渡棹歌十首　黄公绍

望湖天望湖天，绿杨深处鼓䶂䶂。
好是年年二三月，湖边日日看划船。
斗轻桡，斗轻桡，雪中花卷棹声遥。
天与玻璃三万顷，尽教看得几吴舠。
看龙舟，看龙舟，两堤未斗水悠悠。
一片笙歌催闹晚，忽然鼓棹起中流。
贺灵鼍，贺灵鼍，几多翠舞与珠歌。
看到日斜犹未足，涌金门外涌金波。
马如龙，马如龙，飞过苏堤斗健风。
柳下系船青作缆，湖边荐酒碧为筒。
绣周张，绣周张，楼台帘幕絮高扬。
谁赋珠宫并贝阙，怀王去后去沉湘。
棹如飞，棹如飞，水中万鼓起潜螭。
最是玉莲堂上好，跃来夺锦看吴儿。

建云斿，建云斿，土风到处总相犹。
朝了霍山朝岳帝，十分打扮是杭州。
蹋青青，蹋青青，西泠桥畔草连汀。
扑得龙船儿一对，画阑倚遍看游人。
月明中，月明中，满湖春水望难穷。
欲学楚歌歌不得，一场离恨两眉峰。

27. 五日山中　谢翱

东邻拔蒲根，南邻烧艾叶。
艾叶出青烟，蒲根香胜雪。
乾坤生燐火，阴碧期月光。
烟随艾叶散，进此菖蒲觞。
蒲觞益齿发，齿白发如漆。
余饮不尽器，置之五七日。
五日化为丹，七日化为碧。
一服一千年，令人生羽翼。

28. 端午日照道中　党怀英

几年客舍逢端午，今日东行复海隅。

三岁已无平老艾，一杯聊作辟愁符。

29. 端午效六朝体 祖常

修篁发秀林，新荷叠芳池。

彩丝撷雾缕，纱縠含风漪。

蕤宾应乐律，端阳正岁时。

馥馥兰汤浴，滟滟蒲酒持。

汉宫斗草戏，楚船张水嬉。

江心铸龙镜，好用照湘累。

30. 端午词 张宪

榴花照鬓云髻热，蝉翼轻绡香叠雪。

一丈戎葵倚绣窗，雨足江南好时节。

五色灵钱傍午烧，彩胜金花贴鼓腰。

段家桥下水如潮，东船夺得西船标。

櫂歌声静晚山绿，万镒黄金一日销。

31. 端阳写怀 高启

去岁端阳值禁闱，新题帖子进彤扉。

大官供馔分蒲醑，中使传宣赐葛衣。
黄伞回廊朝旭淡，玉炉当殿午熏微。
今朝寂莫江边卧，闲看游船竞渡归。

32. 午日访沈元圭席上次韵　虞堪

一帘葵锦烂晴霞，五色丝虹映臂纱。
元药自消头上雪，绛榴谁插鬓边花。
茶烹石鼎从施禁，诗写蛮笺学破邪。
不是西山黄石叟，难逢东老地仙家。

33. 午日庭宴　唐顺之

南薰应律转朱旗，火帝乘离锦席披。
榴吐千花承羽盖，蓂开五叶拂瑶墀。
冰盘错出仙人掌，金缕遥分织女丝。
复道龙舟方竞渡，衔恩共许向昆池。

34. 于慎行

端午，赐黄金艾叶，银书灵符等物，岁以为常
芙蓉阙下御书宣，午日恩颁侍从前。

宝叶光分仙岛月，灵符香缀御炉烟。
岁时旧是荆人记，风俗曾经汉史传。
闻道宸游临太液，龙舟凤管画楼边。

35. 辛酉端阳日　王屋

午节今朝是，开尊召酒徒。
趁晴删艾叶，冒雨剪菖蒲。
重碧杯中满，轻黄额上涂。
醉怜霜鬓短，还插健人符。

36. 端阳采菊　顾开雍

菖阳初进石榴卮，忽报黄花香满篱。
总是朱灵分寿缕，长生先试傲霜枝。

37. 南歌子（端午）　苏轼

山与歌眉敛，波同醉眼流。游人都上十三楼。不羡竹，西歌吹，古扬州。菰黍连昌歜，琼彝倒玉舟。谁家水调唱歌头，声绕碧，山飞去，晚云留。

38. 浣溪沙（端午） 苏轼

入袂轻风不破尘，玉簪犀璧醉佳辰，一番红粉为谁新。

团扇只堪题往事，新丝那解系行人，酒阑滋味似残春。

39. 永遇乐（端午） 晁补之

红日葵开，映墙遮牖。小斋端午，杯展荷金，簪抽笋玉。幽事还堪数。绿窗纤手，朱奁轻缕，争斗彩丝艾虎。想沈江，怨魄归来，空惆怅对菰黍。 朱颜老去，清风好在。未减佳辰欢聚。腊酒深斟，菖菹细糁。围坐从儿女。还同子美，江村长夏，闲对燕飞鸥舞。算何须，楚泽雄风，方消畏暑。

40. 南乡子（端午） 李之仪

小雨湿黄昏，重午佳辰独掩门。巢燕引雏浑去尽，销魂，空向梁间觅宿痕。 客舍宛如村，好事无人载一尊。唯有莺声知此恨，殷勤，恰似当时枕上闻。

41. 永遇乐（午日） 周紫芝

槐幄如云，燕泥犹湿，雨余清暑，细草摇风，小荷擎雨。时节还端午。碧罗窗底，依稀记得，闲系翠丝烟缕。到如今，前欢如梦，还对彩

绦无语。

榴花半吐，金刀犹在。往事更堪重数。艾虎钗头，菖蒲酒里，旧约浑无据。轻衫如雾，玉肌似削，人在画楼深处。想灵符，无人共戴，翠眉暗聚。

42. 齐天乐（端午）　周邦彦

疏疏几点黄梅雨，佳节又逢重午。角黍包金，香蒲泛玉，风物依然荆楚。形裁艾虎，更钗袅朱符，臂缠红缕。扑粉香绵，唤风绫扇小窗午。　沈湘人去已远，劝君休对景，感时怀古。慢转莺喉，轻敲象板，胜读离骚章句，荷香暗度，渐引入陶陶。醉乡深处。卧听江头，画船喧叠鼓。

43. 一斛珠（重午）　赵长卿

澹妆浓抹，西湖人面两奇绝。菖蒲角黍家家节，水戏鱼龙，十里画帘揭。　凌波无限生尘袜，冰肌莹彻香罗雪，游船且莫催归楫，遮莫黄昏，天外有新月。

44. 南歌子　杨无咎

小雨疏疏过，长江滚滚流。落霞残照晚明楼。又是一番重午身，寄南州。罗绮纷香陌，鱼龙漾彩舟，不堪回首凤池头。谁道于今，霜鬓犹自淹留。

45. 杏花天（豫章重午） 侯寘

宝钗整鬓双鸾斗，睡初醒，薰风襟袖。彩丝皓腕宜清昼，更艾虎，衫儿新就。 玉杯共饮菖蒲酒。愿耐夏，宜春厮守。榴花故意添红皱，映得人来越瘦。

46. 贺新郎（端午） 刘克庄

深院榴花吐，画帘开，彩衣纨扇。午风清暑。儿女纷纷新结束，时样钗符艾虎。早已有，游人观渡，老大逢场慵作戏。任白头，年少争旗鼓，溪雨急，浪花舞。 灵均标致高如许，忆生平，既纫兰佩。又怀椒醑，谁信骚魂千载后，波底垂涎角黍。又说是，蛟馋龙怒，把似而今醒到了。料当年，醉死差无苦，聊一笑，吊今古。

47. 前调（端午） 甄友龙

思远楼前路，望平堤，十里湖光，画船无数。绿盖盈盈红粉面，叶底荷花解语。斗巧结，同心双缕，尚有经年离别恨，一丝丝，总是相思处。相见也，又重午。 清江旧事传荆楚，叹人情，千载如新。尚沉菰

黍，且尽樽前今日醉，谁肯独醒吊古。泛几盏，菖蒲绿醑，两两龙舟争竞渡，奈珠帘，暮卷西山雨。看未足，怎归去。

48. 喜迁莺（端午） 吴礼之

梅霖初歇，正绛色，海榴争开佳节。角黍包金，香蒲切玉，是处玳筵罗列。斗巧尽输年少，玉腕彩丝双结。舣彩舫，见龙舟两两，波心齐发。 奇绝，难画处，激起浪花，翻作湖间雪。画鼓轰雷，红旗掣电，夺罢锦标方彻。望中水天日暮，犹自珠帘高揭。棹归晚，载荷香，十里一钩新月。

49. 水龙吟（淮西重午） 卢祖皋

会昌湖上扁舟，几年不醉西山路。流光又是，宫衣初试，安榴半吐。千里江山，满川烟草，薰风淮楚，念离骚恨远。独醒人去，阑干外，谁怀古。 亦有鱼龙戏舞，艳晴川，绮罗歌鼓。乡情节意，尊前同是，天涯羁旅，绿涨池塘，翠阴庭院。归期无据。问明年此夜，一眉新月，照人何处。

50. 念奴娇（重午） 张榘

三闾何在，把离骚，细读几番击节。蓠蕙椒兰，纷江渚，较以艾萧终别。清浊同流，醉醒一梦，此恨谁能说。忠魂耿耿，秖凭天辨优劣。须信千古湘流，练丝缠黍端。为英雄设，堪笑儿童。浮菖歠，悲愤翻为喜悦。三叹灵均，竟罹谗网我，独中情切。薰风聪户，榴花知为谁裂。

51. 念奴娇（重午） 张椝

楚湘旧俗，记包黍，沉流缅怀忠节。谁挽汨罗，千丈雪，一洗些魂离别。赢得儿童，红丝缠臂，佳话年年说。龙舟争渡，搴旗擂鼓骄劣。谁念词客风流，菖蒲桃柳忆。闺门铺设，嚼征含商，陶雅兴，争似年时娱悦。青杏园林，一尊煮酒当，为浇凄切。南薰应解，把卿愁袂吹裂。

52. 澡兰香（淮安重午） 吴文英

盘丝系腕巧篆，垂簪玉隐绀纱睡觉，银瓶露井彩箑云窗。往事少年依约。为当时曾写榴裙伤心。红绡褪萼黍梦。光阴渐老，汀洲烟蒻。莫唱江南古调怨，抑难招楚江沉魄。薰风燕乳，暗雨梅黄，午镜澡兰帘幕。念秦楼也拟人归。应剪菖蒲自酌，但怅望，一缕新蟾随人天角。

53. 隔浦莲（泊长桥过端午） 吴文英

榴花依旧照眼愁，褪红丝腕，梦绕烟江路。汀菰绿薰风晚，年少惊送远，吴蚕老。恨绪萦抽茧，旅情懒。 扁舟系处，青帘浊酒。须换一

番重午。旋买香蒲浮盏。新月湖光荡素练，人散红衣香在两岸。

54. 金钱子（午日） 刘基

云淡风微，江雨欲来。还去倚阑干。鬓霜千缕，白水青芜，是征鸿归处。望尽天涯，夕阳犹在深深树。 艾叶榴花又上，阿谁门户悄空，梁燕雏自语。王谢亭台杳不知。何许独立茫茫，乱鸦啼满城钟鼓。

55. 水调歌头（端阳值雨） 王行

葵阳阏晴彩，榴火失朱光。不知今日何日，烟霭涨蒲塘。已过清明时节，未近重阳气候。对景自斟量，应是家家雨，梅子要催黄。 向朝来，寻旧事，问江乡。共言当此，佳序那肯负年芳。虽阻绣茵斗草，不废翠蕤剪艾，且结彩丝长。菖歜缕金玉，情味付霞觞。

56. 洞仙歌（重午） 周用

客中今日，恰江南端午。数点弄晴梅子雨。正清溪，华屋长昼初筵，呈画扇，更有香芦角黍。冬冬催羯鼓，燕燕莺莺，当面盈盈试歌舞。故事杳难寻，天上佳期，人传道，牛郎织女，待罗袖，明朝酒消痕，记玉臂，凝香彩丝双缕。

57. 满庭芳　周邦彦

嘉树含风，疏帘映雨，端阳景物依然。故园何处，云白五湖边。记得旧年今日，三江上，万玉亭前。人晏起，翠蒲绿酹，旗鼓竞龙船。今年，逢此日，孤篷四海，翘首钧天，正西郊卜雨，东鲁移泉。为问九农德业。从吴楚，直抵齐燕。烦太史，一篇周颂，再纪屡丰年。

58. 锦缠道（端午）　吴子孝

堂映湖山解粽，共酬佳节。对蒲风，金杯休。歇銮坡，每岁恩波阔忆。赐宫衣，轻叠香罗雪。　到如今回头，五云仙阙故。园中秖闻啼鴂诵。离骚。自叹孤忠唯扬州，铸镜能照人心别。

59. 齐天乐（午日）　吴子孝

几人得在家乡老，蒲觞再逢重午。榴火烘人，榆钱满地。竹院梧垣无暑。莺声未歇，况细雨初晴，疏帘乍举。角黍筵前，试看画扇长生缕。　常忆蒙恩赐宴，忱心对酒，不似而今无苦，彩笔词新，朱弦歌妙，何异神仙俦侣。溪山有主，喜川竞舟龙，门悬艾虎，寄与良朋，年年常似许。

图书在版编目（CIP）数据

龙舟图像志 / 胡彬彬，吴灿著. — 长沙 ： 湖南美术出版社，2019.7
ISBN 978-7-5356-8859-0

Ⅰ. ①龙… Ⅱ. ①胡… ②吴… Ⅲ. ①端午节－风俗习惯－研究－中国②龙舟竞赛－研究－中国 Ⅳ. ①K892.18②G852.9

中国版本图书馆CIP数据核字(2019)第144963号

龙舟图像志
LONGZHOU TUXIANG ZHI

出 版 人：黄　啸
著　　者：胡彬彬　吴　灿
责任编辑：程　序　杜作波
特约编辑：阮冉明
责任校对：王永梅
封面设计：钟文君
版式设计：钟文君
出版发行：湖南美术出版社（长沙市东二环一段622号）
经　　销：湖南省新华书店
印　　刷：长沙新湘诚印刷有限公司（长沙市开福区伍家岭街道新码头9号）
开　　本：710mm × 1000mm　1/16
印　　张：16.25
版　　次：2019年7月第1版
印　　次：2019年7月第1次印刷
书　　号：ISBN 978-7-5356-8859-0
定　　价：98.00元

邮购联系：0731-84787105　　邮　　编：410016
网　　址：http://www.arts-press.com/
电子邮箱：market@arts-press.com
如有倒装、破损、少页等印装质量问题，请与印刷厂联系斢换。
联系电话：0731-84363767